MARY K. BAXTER
WITH GEORGE BLOOMER

REVELACIÓN
DIVINA
de la
LIBERACIÓN

Las citas bíblicas, a menos que así se indique, son tomadas de La Biblia de las Américas®, LBLA®, © 1986, 1995, 1997 por The Lockman Foundation. Usadas con permiso. Derechos reservados. (www.LBLA.org)

UNA REVELACIÓN DIVINA DE LA LIBERACIÓN

Para invitaciones con relación a predicaciones, favor de ponerse en contacto con:

Evangelist Mary K. Baxter
Divine Revelation, Inc.
P.O. Box 121524
West Melbourne, FL 32912–1524
www.adivinerevelation.org

George G. Bloomer
Bethel Family Worship Center
515 Dowd Street
Durham, NC 27701
www.bethelfamily.org

ISBN-13: 978-1-60374-060-9 • ISBN-10: 1-60374-060-0
Impreso en los Estados Unidos de América
© 2008 por Mary K. Baxter y George G. Bloomer

Whitaker House
1030 Hunt Valley Circle
New Kensington, PA 15068
www.whitakerhouse.com

Traducción al español realizada por:
Sí Señor, We Do Translations
Jorge Jenkins
Email: sisenortra@aol.com

P.O. Box 62
Middletown, DE 19709 EE.UU.
TEL: (302) 376–7259

Library of Congress CIP Data (pending)

1 2 3 4 5 6 7 8 9 10 ⑰ 14 13 12 11 10 09 08

Índice

Prefacio

J esús nunca prometió que nuestra vida estaría libre de retos y problemas. Algunas de nuestras pruebas vienen de Dios para probar nuestra fe y perfeccionar nuestro carácter. En otras ocasiones, nuestros problemas son un plan decisivo del enemigo para sorprendernos fuera de guardia, y hacernos caer del fundamento de la Palabra de Dios. Muy a menudo, las dificultades que enfrentamos en el mundo natural, son realmente una manifestación del enfrentamiento que existe entre el Reino de Dios y el reino de las tinieblas, y que está sucediendo en el ámbito espiritual.

Por ejemplo, muy seguido, los miembros del Cuerpo de Cristo y la sociedad en general, sufren en silencio, a medida que luchan con hechos habituales, de los cuales, creen que no tienen control, estando inconscientes de la raíz que ocasiona este tipo de comportamientos. Esta causa son las fuerzas invisibles malignas del infierno, que diariamente buscan influenciar nuestras decisiones y nuestra forma de ver la vida.

Algunas veces, cuando estas fuerzas del mal fracasan en afectar nuestro comportamiento, ellos buscan recursos por medio de estrategias más astutas, tales como, atacar a los miembros de nuestra familia y a otros seres que son cercanos a nosotros, a fin de invadir la pureza de nuestros pensamientos, y distraernos de nuestro llamamiento en Cristo Jesús. Además de esto, existen las maldiciones generacionales que pueden seguir afectando a muchas familias por décadas, debido a influencias territoriales demoníacas, que han establecido su demanda y su dominio sobre ciertos grupos de gentes.

Esta es la razón de que debemos entender verdaderamente, cómo poder ejercitar nuestra autoridad espiritual y nuestro poder. La única manera de poder detener estos ciclos tóxicos, es tomando autoridad sobre ellos a través de Cristo Jesús, y peleando constantemente contra ellos, estando muy alerta, por medio de la oración y de la Palabra de Dios. Sin importar que es lo que te ataca frente a frente, cuando te mantienes firme en tu fe, y usas el conocimiento espiritual y las armas que Dios ha provisto para ti, tú puedes contraatacar y nulificar los ataques del enemigo contra ti y contra tu familia. Cuando estás armado con la revelación divina de quién eres tú en Cristo Jesús, se vuelve imposible que las fuerzas del mal puedan prevalecer contra ti, aun en medio de la adversidad y de la confusión.

Aquellos que han desarrollado una relación muy estrecha con Dios a través de Cristo Jesús, muy raramente son atrapados fuera de guardia por los ataques de satanás. En el momento en que un ataque se manifiesta, ellos ya han orado y buscado al Señor Jesús, y los ángeles de Dios ya se encuentran a su lado, para protegerlos, a medida que su liberación comienza a manifestarse.

Sin importar las circunstancias, Jesús nos asegura que poseemos el poder, por medio de Su Nombre, para poder perseverar en los tiempos de pruebas, y para poder vencer cualquier ataque que el diablo prepare estratégicamente para destruirnos. Es nuestro deseo equiparte y prepararte con el conocimiento acerca del reino de Dios, y acerca de la poderosa liberación de Dios, que existe por medio de Cristo Jesús, que Él ha preparado para todos aquellos que creen en Él.

Introducción

por Mary K. Baxter

En mi primer libro, Revelación Divina del Infierno, yo revelé la forma como el Señor Jesús me mostró visiones conmovedoras acerca del infierno, y acerca de la realidad de ese horroroso lugar. Él dijo, "Va a llegar el día en que podrás revelar las cosas que te he mostrado". Desde ese momento y hasta el día actual, he continuado teniendo visiones del milagroso poder de Dios en acción, y de lo que está sucediendo detrás del escenario, en el mundo espiritual. He descrito un sinnúmero de estas visiones en mis libros anteriores. Dios me ha comisionado a través de Su poder, para revelar estas visiones al Cuerpo de Cristo. También voy a compartir estos encuentros poderosos con aquellos que no conocen a Jesús como su Salvador y Señor, para que lo puedan recibir, en la excelencia de Su poder.

El ministerio de liberación se manifiesta a través de una variedad de dones que el Señor ha dado al Cuerpo de Cristo. Mi don en particular es tener sueños y visiones. Las visiones son la forma en que Dios nos permite echar un vistazo dentro del maravilloso mundo de Su poder omnipotente. A medida que comparto mis revelaciones y mis visiones, Dios las ha usado para aflojar las cadenas del diablo, para echar fuera poderes demoníacos, y para liberar a mucha gente en una salvación y liberación total.

Un Encuentro Divino

Después de revelar mis sueños y mis visiones en mi primer libro, comencé a viajar extensivamente, compartiendo con otros, estos encuentros asombrosos, y exhortando a muchos hombres y mujeres, para que se acerquen a Cristo Jesús. Fue durante estos viajes, que el destino divino de Dios hizo que los caminos del obispo George Bloomer y mío se cruzaran. Desde ese momento, hemos ministrado juntos en muchas ocasiones por el poder de Dios, de tal manera que miles han sido liberados de años de tormentos, ataduras y poderes demoníacos.

Yo puedo identificar nuestro encuentro como un encuentro divino, debido a que, Dios, conociendo los dones del Espíritu Santo que nos ha dado a ambos, vio que podían ser usados en forma conjunta en el ministerio. Por años, el obispo Bloomer se ha destacado por su osadía al transmitir la Palabra de Dios sin titubeo alguno. A medida que ministramos juntos, el poder del ministerio de atar y soltar en el Nombre de Jesús, es mostrado como una poderosa realidad. (Favor de ver Mateo 16:19; 18:18).

Revelaciones par el Día Actual

La urgente necesidad que tiene la gente de ser liberada y de tener un entendimiento más claro del poder de Dios, es lo que nos guía en este libro, para exponer más de las tácticas y acciones de las tinieblas. *Revelación Divina de la Liberación* va a revelar un número de encuentros y visiones verdaderos, de la vida real—algunos de hace varios años, otros más recientes—que el Señor Jesús me ha permitido compartir ahora con la gente, a través de todo el mundo. Explicamos la realidad de las puertas del infierno sobre la tierra (favor de ver Mateo 16:18), que son avenidas de ataque demoníaco, y que también son usadas para transportar almas hacia una eternidad sin Dios. Aún más importante, compartimos la forma cómo derrotar los ataques demoníacos por medio de nuestro Libertador, el Señor Jesucristo. Es nuestra oración que muchos más que están oprimidos por el enemigo, puedan experimentar la libertad espiritual.

Reconociendo las Artimañas de satanás

Muchos de los problemas que estás experimentando, tal vez fueron dirigidos hacia ti por el enemigo, que busca destruir tu confesión de fe. Las revelaciones que recibí de Dios, te ayudarán a estar consciente de las tácticas de satanás. Con este conocimiento, tú puedes invocar correctamente el poder de Cristo Jesús, para vencer las trampas invisibles, ocultas, que te han mantenido atado.

Estas trampas vienen por medio de las fuerzas demoníacas de satanás. Cada demonio ha sido asignado a ciertas tareas específicas, que tienen que cumplir sobre la faz de la tierra, para promover el reino profano y trágico del *"príncipe de este mundo"* (favor de ver Juan 12:30; 14:30; 16:11)—que es, el reino del diablo en la tierra. No estamos indefensos en contra de estos ataques, pero debemos darnos cuenta de su presencia, para poder destruir su existencia.

> **Dios te va a dar la respuesta, si tú esperas en Él.**

Dios nos ha dado el libre albedrío para poder tomar nuestras propias decisiones. Pero el diablo, busca poder usar nuestra mente, voluntad, emociones, y nuestro cuerpo, en contra de nosotros mismos, para su propia gloria contaminada.

Tus decisiones no tienen que ser dirigidas por las influencias manipuladoras del dominio de satanás. Independientemente de cómo estés luchando con el temor, la ira, lujuria, adicciones, o el dolor, tu voluntad para invocar el Nombre del Señor todavía existe. Él te dará la respuesta, si tú esperas en Él, y continuas buscándolo diligentemente en oración, y si reposas, dependiendo en Su Espíritu Santo, y tomas acción de acuerdo a Su Palabra.

Jesús prometió que las puertas del infierno no iban a prevalecer en contra de la iglesia—sobre aquellos que conocen a Dios, y lo han recibido como su Salvador y Señor personal. *"Sobre esta roca edificaré mi iglesia; y las puertas del Hades no prevalecerán contra ella"* (Mateo 16:18). He orado en contra de poderes demoníacos, y he testificado, con mis propios ojos, como la milagrosa mano de Dios libera a la gente. He visto gente ser sanada y liberada de posesión y de opresión demoníaca.

Exponiendo a satanás y a la Naturaleza Pecaminosa

Con toda la autoridad y el poder que Dios le ha provisto al Cuerpo de Cristo, no hay necesidad de que ningún creyente sufra nada que no esté de acuerdo a la voluntad de Dios. Esta es la razón de que el obispo Bloomer y yo pensamos, no solo a tiempo, sino también imperativamente, exponer las mentiras que mantienen a muchos atados, mientras que al mismo tiempo, descubrimos las vías de escape ordenadas por Dios, para apartarse de los designios de satanás y de la naturaleza de pecado.

Dios te ha dado el poder para hablar la Palabra de Dios en contra de las fuerzas demoníacas, y no les queda otra opción, sino salir huyendo. (Favor de ver Santiago 4:7). *"El Señor conoce a los que Suyos"* (2ª Timoteo 2:19). Dios ha hecho un pacto con todos aquellos que claman el Nombre de Jesús. A través de este pacto, tenemos la autoridad para reprender al enemigo cuando somos atacados por sus fuerzas malignas, y para ser libres, cuando hemos sido hechos cautivos por medio de sus artimañas. Dios también nos ha dado el poder de resurrección de Jesús, para vencer nuestra naturaleza de pecado, que combate en contra de la naturaleza y Espíritu de Dios en nosotros.

Es nuestra oración que descubras la puerta para tu liberación, y que las cadenas de las tinieblas, que te han estado manteniendo cautivo, sean rotas completamente. A medida que las opresiones escondidas del enemigo van siendo reveladas, y a medida que las obras de la naturaleza de pecado van siendo expuestas, que tú puedas aprender a caminar en la liberación y en la libertad que Dios ha ordenado para tu vida.

—Mary K. Baxter

Introducción

POR George G. Bloomer

Por años he predicado un mensaje de liberación, revelándoles a todos aquellos que están oprimidos, el derecho que tienen, de vivir libres, por el poder de Dios. He dormido en las junglas de África, predicado en las estepas de las Filipinas, ministrado en la India, y he visto musulmanes e hindúes entregando su vida a Cristo Jesús. He estado en viajes de rescate con la Cruz Roja, y he visto cosas que te atormentarían por el resto de tu vida. He visto fenómenos inexplicables en Haití, tales como levitaciones, y a los muertos caminando por el mercado, tres días después de su funeral. He visto rostros humanos quedando totalmente contrahechos, y he escuchado diversas voces que salen de la boca de una persona, mientras que su lengua ni siquiera estaba moviéndose.

Ahora me doy cuenta de que todo mi estudio, todos mis viajes, y todas las cosas horribles que he visto y experimentado, fueron una preparación para los tiempos que estamos viviendo. Me han preparado para poder contribuir en la formación de este libro, que explica cómo es que el poder de Dios libera a aquellos que han sido atados por Satanás. A medida que tú leas *Una Revelación Divina de la Liberación*, vas a descubrir cómo poder ser libre de las ataduras y de los poderes demoníacos que el enemigo ha estado manteniendo sobre ti.

Tomando una Posición Espiritual

Hoy en día, más que nunca, existe una necesidad urgente dentro del Cuerpo de Cristo, para que el pueblo de Dios esté consciente de la habilidad que tienen para tener dominio sobre las cosas que los han estado manteniendo atados. Ya no podemos quedarnos sentados, sin hacer nada, como simples observadores. Debemos tomar ahora mismo una posición espiritual en contra del caos que está luchando en contra del pueblo de Dios.

Dios le ordenó a la raza humana que tuviera dominio sobre todo lo que existe en la faz de la tierra. (Favor de ver Génesis 1:26–28). Él también les dio autoridad a los creyentes, para derrotar a satanás, en el Nombre de Jesús. (Favor de ver, por ejemplo Lucas 9:1). Para poder activar tus derechos que tienes como hijo de Dios, debes poder entenderlos, y poder aplicarlos a través de la Palabra de Dios. Si no estas consciente de tu autoridad, no vas a poder invocarla, cuando enfrentes las adversidades y pruebas de esta vida.

Es mi responsabilidad como líder espiritual en el Cuerpo de Cristo, revelar la verdad acerca, del insidioso engaño demoníaco, y acerca de la magnifica verdad que es la liberación de Dios. Pero el hecho de escoger la liberación es una decisión que solo tú puedes tomar. No debes de tolerar a las fuerzas del mal en tu vida; al contrario, ¡debes aprender a tomar dominio sobre las fuerzas del mal que han estado intentando vencerte!

UNA REVELACIÓN ACERCA DE PUERTAS Y DE LLAVES

Este mensaje acerca del dominio es presentado en forma muy viva, en el intercambio que se dio entre el Señor Jesús y Su discípulo Pedro. Pedro respondió la pregunta que Jesús hizo a Sus discípulos, *"¿Quién dicen los hombres que es el Hijo del Hombre"?* Al responder, *"Tú eres el Cristo, el Hijo del Dios viviente"* (Mateo 16:13, 16). Jesús le dijo que esta declaración solo le pudo haber sido revelada por el Padre Celestial. Entonces, Él equipó a Pedro con una verdad que iba a asegurar para siempre su posición espiritual en la gloria.

> *Yo también te digo que tú eres Pedro, y sobre esta roca edificaré mi iglesia; **y las puertas del Hades** no prevalecerán contra ella. Yo te daré **las llaves del reino de los cielos**; y lo que ates en la tierra, será atado en los cielos; y lo que desates en la tierra, será desatado en los cielos.* (Mateo 16:18–19, énfasis añadido)

Pedro recibió una revelación divina acerca de la existencia de las puertas del infierno, y acerca de que Jesús le daría llaves—conceptos, ideas, autoridad, percepción, previsión, y el poder para atar y para soltar—a fin de vencerlas. La implicación que existe aquí, es que el infierno no comienza en el abismo, sino que existen puertas o portales del infierno sobre la tierra. Más aun, todo lo que atamos y todo lo que soltamos en la tierra, es atado y soltado en el cielo. Todo aquello que se hace en la tierra afecta el reino celestial.

Tal vez estás pensando, *Así que, tú me estás diciendo, señor obispo, ¿que tú crees que las puertas del infierno están en la tierra?* Sí, sí lo creo. Creo esto en dos formas. No solo existen puertas invisibles del infierno en la tierra, que transportan a las almas perdidas al infierno, pero también existen "portales" detectores en nuestras vidas, que el enemigo usa en sus tácticas contra nosotros. En otras palabras, él usa nuestros sentidos—vista, oído, tacto, olfato y gusto—para tentar nuestra naturaleza pecaminosa, y para manipular nuestra mente, por medio de redirigir nuestros deseos y nuestras decisiones lejos de la voluntad de Dios. Cuando cedemos a la tentación, y permitimos que Satanás manipule nuestra mente, nos involucramos en prácticas destructivas y pecaminosas, incluyendo inmoralidad sexual, ambición, orgullo, ira, adicciones, y todo lo que tiene que ver con el ocultismo.

> **El diablo usa nuestros sentidos, vista, oído, tacto, olfato y gusto para tentarnos.**

Debido a los ataques del enemigo, y a la naturaleza pecaminosa que pelean en contra del Espíritu de Dios que está en nosotros, las Escrituras nos dicen cómo y acerca de qué cosas deberíamos pensar:

Haya, pues, en vosotros esta actitud que hubo también en Christo Jesús. (Filipenses 2:5)

Por lo demás, hermanos, todo lo que es verdadero, todo lo digno, todo lo justo, todo lo puro, todo lo amable, todo lo honorable, si hay alguna virtud o algo que merece elogio, en esto meditad. (Filipenses 4:8)

Autoridad Sobre el Poder del Enemigo

Jesús entiende las tentaciones que tenemos como humanos, porque Él fue tentado cuando estuvo en la tierra, pero Él nunca pecó. *"Porque no tenemos un sumo sacerdote que no pueda compadecerse de nuestras flaquezas, sino uno que ha sido tentado en todo como nosotros, pero sin pecado"* (Hebreos 4:15). Jesús también sabe lo que es experimentar el ataque directo del enemigo, y sabe lo que es el hecho de vencerlo. (Favor de ver, por ejemplo, Mateo 4:1–11; Lucas 22:39–42).

Ya sea que el diablo use nuestra naturaleza pecaminosa, o que nos ataque en forma directa, necesitamos estar firmes en la profesión de nuestra fe. Cuando hacemos esto, la fuerza y el poder de Jesucristo nos salvará y nos liberará de todo el poder del enemigo. Jesús dijo,

*Y El les dijo: Yo veía a Satanás caer del cielo como un rayo. Mirad, os he dado autoridad para hollar sobre serpientes y escorpiones, y **sobre todo el poder del enemigo**, y nada os hará daño. Sin embargo, no os regocijéis en esto, de que los espíritus se os sometan, sino regocijaos de que vuestros nombres están escritos en los cielos.*

(Lucas 10:18–20, énfasis añadido)

—*George G. Bloomer*

1

ATACADO POR LAS PUERTAS DEL INFIERNO

UN AUMENTO EN LA ACTIVIDAD DEMONÍACA

Era a mediados de los años 1970as cuando Jesús me reveló por primera vez los horrores del infierno, las tácticas que Satanás usa en sus intentos para destruir a la humanidad, y como es que la gente necesita ser liberada de todos estos ataques. Jesús me advirtió que los ataques de Satanás en la tierra iban a aumentar, a medida que enviaba más demonios del infierno para causar rebeldía y destrucción.

Hoy en día, estamos viendo los efectos del aumento de estos ataques en nuestro mundo. Hay más pecado, y ha habido muchos más desastres que nunca antes. Hemos tenido huracanes, inundaciones, tsunamis, y guerras. (Favor de ver Mateo 24:6–8). Muchas gentes están enfrentando intensos ataques espirituales en su vida, y en la vida de sus seres queridos.

Para el Tiempo Actual

Yo leí recientemente algunas de las profecías que he estado escribiendo a través de los años, y me quedé asombrada cuando me di cuenta de que muchas de estas profecías, se han cumplido, aún sin que yo me diera cuenta de ello. Yo me puse a pensar, como, en los años 1980as, el Espíritu del Señor comenzó a guiarme hacia toda la verdad. (Favor de ver Juan 16:13). A medida que medité en ello, yo busqué a Dios muy diligentemente, y comencé a entender el propósito de haber escrito todas mis notas, durante todos estos años. Dios me estaba preparando para lo que estoy haciendo el día de hoy. Él me estaba preparando para poder compartir las revelaciones divinas con la gente, y para asegurarles que son ellos quienes tienen el poder, a través de Cristo Jesús, para estar firmes y vencer los obstáculos persistentes que los han mantenido estancados en la vida. Dios quiere que pongamos la forma de pensar religiosa debajo de nuestros pies, y en lugar de eso, que edifiquemos una relación segura con Cristo Jesús, basados en la fe y en la confianza en Dios—una relación que nos va a permitir vencer todos los ataques del enemigo.

Con este libro, comencé un viaje en el cual estoy revelando cosas que no he divulgado en ninguno de mis otros libros. Es por fe que soy capaz de compartir estas visiones que Dios me ha mostrado. Estos son hechos y verdades que han sido retenidas hasta estos tiempos, porque el mundo no las podía recibir años antes. Yo quiero compartir contigo desde mi corazón, lo que Dios, con tanta gracia, ha compartido conmigo. Es muy importante entender la hora o el momento que estamos viviendo, para que la voluntad de Dios pueda ser manifestada en nuestra vida.

PODER SOBRE LAS PUERTAS DEL INFIERNO

Dos semanas antes de la Navidad de 2006, el Señor me dijo que Él quería que yo ayunara, explicándome que sería muy beneficioso para mí. Yo estaba sola en casa, y tenía tiempo suficiente para orar, estudiar y meditar en la Palabra de Dios, y para buscar al Señor. Esta oportunidad me emocionó, porque yo amo la Palabra de Dios. Yo creí que Dios iba a hacer exactamente lo que había prometido hacer durante este tiempo de ayuno. (Favor de ver Salmo 1:1–3).

> Es muy importante poder entender los tiempos que estamos viviendo, para que la voluntad de Dios pueda ser manifestada.

Algunas veces, cuando estás en medio de una guerra espiritual, orando y ayunando, tú oras continuamente sin cesar. Te tomas muy poco tiempo para dormir, y nuevamente estás con tu rostro delante del señor. Te encuentras en tribulación, porque Dios quiere que el Espíritu Santo se mueva a través de ti. Te rindes por completo a Dios, diciéndole, "Aquí estoy, Dios, úsame". A medida que te rindes a Él por medio de la oración, el Señor expone revelación ante ti, que solo puede ser conocida dentro del medio espiritual.

Pocos días antes de la Navidad, mientras que me encontraba orando en serio, y buscando al Señor, me encontré de repente en medio de una visión. Yo vi la tierra, y en ella había un hoyo gigante. Yo sabía que esta era una puerta del infierno—lo cual te voy a explicar en más detalle adelante—porque Dios me había entrenado en el área de guerra espiritual. De este hoyo salían cientos de figuras gigantes, que medían como cuatro metros de altura, y se veían como pingüinos transparentes. Mientras oraba al Señor, Él dijo, "Clama a Mí en el día de la angustia, y Yo te liberaré". Comencé a decir, "Dios, en el Nombre de Jesús, no entiendo esto, pero te pido que nos libres de cualesquiera que estas cosas sean".

Vi la mano de Dios descendiendo, y pude notar la enormidad se su tamaño—era más de la mitad del tamaño de la tierra. De Sus dedos salieron llamas de fuego. Estas llamas se dirigieron directamente al hoyo inmenso de donde salían estas figuras grotescas en forma de pingüinos, y que estaban saliendo hacia la tierra, y los quemó por completo. Leemos en el libro de Malaquías,

> Y hollaréis a los impíos, pues ellos serán ceniza bajo las plantas de vuestros pies el día en que yo actúe- dice el Señor de los ejércitos.
>
> (Malaquías 4:3)

Las cenizas de estas figuras comenzaron a volar

con el viento, y el Señor dijo, "Estoy destruyendo estos poderes malignos". Observé a medida que Él quemó millones de ellos. Llegué a la conclusión de que era Dios deteniendo algún tipo de ataque del enemigo sobre nosotros, con relación a epidemias de enfermedades u otras actividades demoníacas. Esto no quiere decir que este tipo de figuras siempre simboliza las enfermedades, sino que eso fue lo que yo discerní en particular de ésta visón.

Más tarde, ese mismo día, recibí una llamada telefónica de una hermana profeta o profetiza. Mientras que yo comencé a compartir con ella lo que había visto en la visión, ella me informó que había habido una alerta con relación a la enfermedad llamada fiebre aviar. Comencé a alabar al Señor por Su liberación, porque yo sabía que Dios había contestado mi oración, y me había dado el deseo de mi corazón. Había aprendido a obedecer a Dios, y a cerrar la puerta del infierno, cada vez que Dios me lo revela en una visión.

Continué orando y le pedí al Señor que atara esta puerta. Yo pude ver la tierra como se sacudía, y vi como la mano del Señor colocaba una enorme tapa, que parecía estar hecha de hierro, encima del hoyo. Entonces, vi ángeles muy grandes que descendieron rápidamente con llaves y cadenas, y cerraron ese portal del infierno. Comencé a regocijarme en el Señor, diciendo, "¡Gracias Señor Jesús! Tú nos amas tanto. Honor y majestad para Ti Señor. ¡Pongo mi confianza en Ti!"

JESÚS ES NUESTRO LIBERTADOR

Este incidente ilustra solo uno de los muchos ataques de Satanás en contra de la humanidad en los últimos días. Las puertas del infierno nos están atacando, pero solo Jesús puede liberarte a ti y a tus seres queridos. Debemos saber contra qué estamos luchando, y quien es nuestro Libertador, para que podamos pelear en forma efectiva, en contra de estas fuerzas del mal. Muchas gentes en la tierra están siendo engañadas, y van a caer en las trampas de satanás, que es el diablo, si no les decimos nada acerca de la salvación y de la liberación que existe en Cristo Jesús. Debemos regresar a la verdad de la muerte de Cristo Jesús por nosotros en la cruz, y la necesidad que tenemos de redención a través de Su sacrificio.

> **La gracia de Dios ha provisto liberación para ti.**

Satanás desea destruir a cada persona que existe en el planeta tierra, en cualquier forma en que pueda hacerlo. Pero la misericordia del Dios Altísimo ha provisto liberación para ti y para mí, de éstas fuerzas espirituales que nos atacan. Aunque vivimos en días de grandes problemas y engaño espiritual, también es cierto que tenemos un Gran Libertador, que ha prometido, *"Invócame en el día de la angustia; yo te libraré, y tú me honrarás"* (Salmo 50:15).

El diablo usa una variedad de trampas y métodos para mantener a la gente alejada de conocer y de amar a Dios, y para impedir que aquellos que co-nocen y aman a Dios, puedan vivir productivamente para Él.

El diablo puede atacarnos directamente, o puede tratar de provocar que nuestra naturaleza de pecado cumpla esta misión para él. Yo estoy muy preocupada porque veo a las gentes que caen en las trampas del enemigo, por ignorancia, y porque no encuentran la salvación a través de Cristo Jesús. También veo a los cristianos que se desaniman, pierden la esperanza, y pierden su fe, debido a las pruebas, tentaciones y pro-blemas por los que pasan. Esto me alarma, porque he visto todo el odio cruel que el enemigo tiene por la hu-manidad, y he visto el destino de aquellos que mueren sin haber recibido al Señor Jesús. Por lo tanto, te urjo a que aprendas, y a que apliques la liberación que Dios ha provisto para ti. Jesús dijo,

> *Yo soy el primero y el último, y el que vive, y estuve muerto; y he aquí, estoy vivo por los siglos de los siglos, y tengo las llaves de la muerte y del Hades.* (Apocalipsis 1:18)

Todo lo que estoy compartiendo con el Cuerpo de Cristo, y con la gente en grandes proporciones, a través de este libro con relación a las puertas del infierno, es lo que Dios desea que sea revelado al mundo. Ahora es el tiempo de que estas verdades sean expuestas, tanto a los cristianos, como a los no-cristianos, a cualquiera que pueda retenerlas, y que pueda entender su signi-ficado.

UN MENSAJE DE LIBERACIÓN

Dios tiene un mensaje de liberación para nosotros, y Él me ha llamado para que yo lo comparta con todo el mundo. Durante mis viajes, una vez, me encontraba en otro país, predicando el Evangelio, cuando me llegó una invitación para ir a cenar con la esposa del presidente de esa nación. Yo ya había hecho una cita semanas antes de mi llegada, para ir a otro lugar que queda como a dos horas de distancia, para predicar un mensaje acerca del infierno. Después de recibir esta invitación para cenar, yo tenía que hacer una decisión; cancelar la cita que había hecho previamente, o cancelar la invitación de la cena con la esposa del presidente, y mandarle una copia autografiada de mi libro. Decidí mandarle a la primera dama de ese país, una copia autografiada de mi libro, y continuar con el compromiso que había hecho previamente para predicar.

Fui y le predique a esa gente con mucho amor, y varias almas fueron salvas. Regresé a mi habitación para descansar por la noche. En el lugar donde me estaba quedando, todo mundo cierra sus puertas con llave, y dejan a los perros afuera de la casa, en el patio, durante la noche, para proteger sus propiedades, debido al alto índice de robos en esa área. Tenían perros que lo protegían todo. Yo estaba muy perturbada porque había escuchado rumores acerca de que dos semanas antes a mi llegada a ese país, gente estaba llevando bombas a esa ciudad. Alrededor de la media noche, escuche que disparaban armas y pensé, *¡Oh*

Dios mío!¡ La guerra acaba de comenzar! Voy a morir aquí, donde nadie me conoce y lejos de mi familia. "¡Señor Jesús, tienes que ayudarme"! Yo clamé.

A medida que seguí orando, tuve una paz en mi corazón, que sobrepasa todo entendimiento humano. (Favor de ver Filipenses 4:6–7). Podía escuchar miles de armas que estaban siendo disparadas, y sin embargo, no tenía idea alguna de lo que estaba pasando. Los perros estaban afuera ladrando todo el tiempo. Pensé que si me atrevía a salir allá afuera, me podrían morder, así que me quedé en mi habitación. Mientras me sentaba dentro de mi cuarto, me puse a pensar acerca de los rumores que se habían estado dando—de que la guerra estaba a punto de estallar—así que me preparé para morir. Coloqué toallas sobre las ventanas para que nadie pudiera verme dentro de mi cuarto. Apagué todas las luces, y cuando vi por la ventana, podía ver los destellos de las armas que estaban siendo disparadas, en la oscuridad de la noche. Mientras estaba ahí sentada, y decía mis oraciones, vi el reloj, y era cerca de la una de la mañana. *En cualquier momento, van a entrar y me van a matar,* continué pensando. Entonces, tuve paz en mi corazón.

De repente, en una esquina de la habitación, apareció una luz muy brillante en la pared. Dio vueltas

> Dios me ha llamado para traer Su mensaje de la liberación al mundo.

alrededor y se paró súbitamente. *¡Acaban de disparar un cohete aquí mismo!* Yo pensé.

Mientras más asustada estaba, más parecía que la luz se intensificaba hasta convertirse en una gran flama, y entonces, vi lo que parecía ser un arbusto en llamas. Me di cuenta, *¡esto es lo que vio Moisés—un arbusto ardiente!*

Este arbusto era como de un metro y medio de altura y estaba lleno de llamas de fuego. Me acerqué, y puse mi mano sobre el fuego, y pude sentir una hoja del arbusto. Se parecía a una hoja de cedro, y medía aproximadamente como media pulgada de oro sólido. Que hermoso, pensé. Estaba en tal estado de asombro que se me olvidó todo acerca de las armas y los disparos, mientras contemplaba ese arbusto. Comencé a alabar y a adorar al Señor. Mirando hacia mis pies, dije, "Dios, no tengo mis zapatos puestos. Tú le dijiste a Moisés que se quitara sus zapatos, porque estaba en un lugar santo, y, Señor, estoy aquí, para escucharte". (Favor de ver Éxodo 3:2–5).

Continué mirando el arbusto y diciéndole a Dios todos mis problemas. De repente, todo se calmó, y un poder salió del arbusto directamente hacia mí, y me caí de espaldas. Recuerdo que fui a gatas, y que me forcé para poder ponerme en pie, para poder ir a la cama. Volteé a mirar nuevamente el arbusto y oré en mi corazón, *Amado Dios, ¿qué puedo hacer para Ti?* Salté fuera de la cama nuevamente, y tuve que forzarme a caminar hacia esta fuerza, para poder pararme enfrente del arbusto, y tratar de platicar con Dios, desde lo profundo de mi corazón, mente, y con toda mi voz. El efecto de toda esta experiencia me asustó tanto, que volví a brincar dentro de la cama, me tapé con las cobijas, ¡y me desmayé!

A la mañana siguiente, los pájaros estaban cantando, los perros seguían ladrando, las pistolas seguían siendo disparadas, y me di cuenta, todavía estoy viva. Escuche que los hombres salieron a recoger a los perros para encerrarlos. Saltando de la cama, grité, "¿Qué es lo que pasa...y por qué todos esos disparos? ¿Acaso ya comenzó la guerra?"

Un hombre se echó a reír.

"¿Por qué se está riendo?" Le pregunté.

"Es el Día de las Madres", me respondió, "y en este país disparamos las armas desde la media noche, hasta el mediodía para celebrar a las madres por el nacimiento de todos sus hijos".

Entonces pensé, *¡Por qué nadie me dijo esto!*

Mientras que las personas trataron de consolarme, las armas seguían siendo disparadas, y yo estaba muy enojada. Minutos más tarde, escuche una camioneta que se detuvo frente a la casa, y la persona que había sido mi intérprete entró, y me dijo que tenía un mensaje para mi, de parte del Señor Jesús. "Mientras lavaba mis trastes, el Señor me habló", ella comenzó a compartirme. "Él me dijo que primero te preguntara, "¿Acaso Él se te apareció ayer por la noche"? Yo estaba tan asustada que contesté, "Tal vez…creo que sí…sí, si lo hizo". Entonces, ella dijo, "Y tú te desmayaste, ¿correcto?" "Sí, así co". "El mensaje es este: Dios te ha dado las llaves del Reino, de la misma manera que lo hizo con Moisés, Él lo hará contigo. Tú eres su libertadora en esta hora, para liberar al pueblo de la mano del diablo, de la misma forma en que Moisés libertó al pueblo de la mano de Faraón. Tú eres Su libertadora, y tú deberás de llevar estos mensajes por toda la tierra, para liberar a las gentes de la mano del diablo. Debes hacer lo que el Señor te ha llamado a hacer, y no debes temer a ningún hombre. Dios quiere que te animes, y que vayas a contar estos testimonios en otras tierras y a otros países".

> **Dios usó mis circunstancias para darme dirección acerca de mi vida y de mi ministerio.**

Aunque mi preocupación acerca de las armas había sido un mal entendido, Dios usó estas circunstancias para darme dirección acerca de mi vida y de mi ministerio. Dios me mostró que Él estaría conmigo, y que yo no debía temer lo que otros pudieran decir o hacer. Comencé a llorar y a alabar al Señor. Le di gracias al intérprete por el mensaje, y ella estaba tan contenta, de que había obedecido la voz del Señor y me había dicho estas cosas. Continué dándole gracias al Señor, y sosteniéndome de Su promesa.

He experimentado muchas cosas, tales como ésta, y que nunca antes se lo había dicho a nadie. Pero ahora es el tiempo de que yo comparta aún mucho más de mis experiencias milagrosas y sobrenaturales. Cuento estos relatos en obediencia, y de acuerdo a la guía del Espíritu Santo. Debemos saber realmente, que Dios es mucho más que capaz de liberar, de acuerdo a Su Palabra.

UN EJÉRCITO FUERTE Y QUE NO TIENE TEMOR ALGUNO

Estamos viviendo en un tiempo donde muchos más demonios están saliendo de las puertas del infierno, hacia la atmósfera de la tierra, para causar engaños en forma generalizada. Pero, en medio de todo esto, Dios tiene un ejército formado por Su pueblo, que está peleando por la verdad—un ejército que está parándose muy firme, y predicando la santidad y la justicia, para rescatar a los individuos y a las familias.

Con este libro, espero poder añadir a este ejército de creyentes, que no le tienen miedo al diablo, pero que entienden que Satanás está peleando una batalla que ya tiene perdida. Jesús posee la llaves del infierno y de la muerte. Él sabe cada engaño que el diablo trata de usar para destruirnos, y Jesús nos da instrucciones de cómo contraatacar estos ataques malignos. A medida que aprendemos las tácticas de satanás, debemos recordar siempre que Jesús tiene el poder para vencer cualquier cosa que pueda venir en contra de nosotros, y cualquier cosa que tengamos que enfrentar, y que podemos tener una completa y total victoria sobre el enemigo.

Existen grandes tribulaciones sobre la tierra, pero el Dios Todopoderoso quiere cerrar las puertas del infierno, y Él quiere que tú te unas a Él en esta batalla en contra del enemigo.

2

ENGAÑO DEMONÍACO

En este capítulo, voy a describir en mayor detalle, algunos de los ataques que están viniendo contra nosotros, en nuestra nación y alrededor del mundo, así como la profundidad del engaño y del tormento que Satanás quiere infligir en nosotros. Vamos a ver lo mucho que necesitamos a nuestro Libertador, que nos da la autoridad para vencer todo el poder del enemigo.

EL MUNDO ESTÁ SIENDO ENGAÑADO

Insensibles a los Peligros de lo Demoníaco

Existen tres maneras principales en que el enemigo está engañando al mundo actualmente. En primer lugar, entre las gentes que están buscando "un poder superior" para obtener las respuestas de las crisis que tienen en la vida, ha aumentado la curiosidad acerca del misticismo, las religiones orientales y el ocultismo. A través de estas avenidas, muchos están siendo seducidos ignorantemente hacia el reino demoníaco del dominio de satanás. La televisión y los otros medios de comunicación han romantizado todo lo que tiene que ver con la magia y con lo demoníaco, hasta el punto de que ya no se considera tabú, que una persona se entrometa en el mundo del ocultismo; se ha convertido en algo de moda. La gente no se da cuenta que estas cosas están deteriorando su bienestar espiritual. La sociedad se ha insensibilizado a los peligros de abrazar el medio ambiente demoníaco, y la gente está abriendo más y más sus hogares y su corazón a todo lo satánico y a las influencias paganas.

> **Debemos proclamar la libertad que la gente puede tener a través de Cristo Jesús.**

El diablo toma ventaja de cualquier oportunidad que se presente, para inyectar falsas doctrinas en la mente de aquellos que están en una búsqueda espiritual, de un poder superior y de un poco de paz. Esta es la forma cómo frecuentemente la gente se involucra en el ocultismo y en adoración pagan, por ejemplo, o caen en un comportamiento desmoralizante. Muchos de sus parientes y amigos se encuentran desconcertados, porque sus seres queridos han sido engañados por éstas obvias falacias religiosas. La persona que ha sido engañada, no tiene idea alguna de que lo que él o ella considera ser "un alcance espiritual" realmente es una trampa del diablo, para promover falsa doctrina y engaño espiritual en la vida de la persona, lo cual le llevará a su destrucción.

E apóstol Pablo nos advirtió en contra de los peligros de adorar dioses falsos, o cualquier cosa que se exalta así misma, por encima del conocimiento del Único Dios Vivo y Verdadero. (Favor de ver 2ª Corintios 10:4–5). Pero la adoración de dioses falsos y de ídolos sigue promoviéndose aceleradamente en nuestro mundo. Aquellos que conocen a Dios y a Su Hijo Jesucristo, deben mantener una posición firme en contra de las manipulaciones que se realizan al Evangelio verdadero de la salvación que es a través de Cristo Jesús. Los dioses falsos están seduciendo a la gente a que se aparte de Dios, en lugar de traerlos hacia Su presencia.

Debemos tomar la iniciativa para ayudar a la gente para que entiendan lo que está sucediéndoles, a medida que son influenciados por las fuerzas invisibles de principados y potestades malignas, que solo buscan destruirlos. Debemos proclamar la libertad que ellos pueden tener en el Señor Cristo Jesús. Si no lo hacemos, no solo ellos permanecerán cautivos del enemigo aquí en esta tierra, pero también van a experimentar un infierno horroroso, por toda la eternidad. Debemos advertirles a todas las gentes acerca del juicio de Dios, antes que sea muy tarde.

La Falta de Reverencia Hacia Dios

En segundo lugar, multitudes de gentes están

muriendo y se están yendo al infierno porque no tienen reverencia hacia Dios o no admiten Su existencia. Más y más, el diablo está intentando mostrar a Dios como un personaje ficticio, en lugar de permitir que la gente vea a Dios como Él es realmente—el Creador y Proveedor de nuestra vida. Las Escrituras nos dicen, *"Porque en Él vivimos, nos movemos y existimos"* (Hechos 17:28). Al mismo tiempo, satanás está tratando de esconder la realidad del infierno, mostrándolo como algo de ciencia ficción, que solo pertenece a la imaginación de escritores muy creativos, diferente del lugar tan horroroso que verdadera y realmente es.

Yo creo sinceramente que si la gente tuviera reverencia hacia Dios, ellos serían mucho más conscientes de sus actos, y se darían cuenta del regalo de valor incalculable de la vida eterna a través de Cristo Jesús. Ya no darían oído a todo esa seducción de voces satánicas.

Confundidos y Viviendo en la Inmoralidad

En tercer lugar, satanás está camuflajeando y diluyendo el Evangelio de Cristo Jesús, para seducir a las gentes por medio de la sensualidad y las adicciones. Los jóvenes de estos días, especialmente, han visto mucha corrupción. Su mente ha sido corrompida con inmoralidades disfrazadas de cosas morales, y ellos encuentran muy difícil poder discernir la verdad de Dios de entre todos estos engaños. El diablo está buscando todos sus puntos vulnerables, seduciéndolos a un mundo de idolatría y de falsedades, que devalora su bienestar espiritual, y los puede llevar a la completa auto-destrucción. El diablo manipula la ingenuidad de la juventud, para promover sus falsas doctrinas, a través de la presión de los amigos y compañeros, y por medio de mostrar el comportamiento tóxico, como algo muy romántico. Más y más, el contenido depravado de los programas de la televisión, revelan la obra de los demonios, que han sido enviados para influenciar a todos aquellos que han perdido su temor de Dios. Nada está más allá de los límites, y la gente se siente más atraída a actuar de acuerdo a cualquier lujuria o perversión que le agrade a su naturaleza pecaminosa.

Esta actitud cultural ha abierto nuestros hogares a la bajeza moral, que va más allá de cualquier nivel de comprensión, con la maldad siendo vista como un estilo de vida natural, en lugar de verlo como el camino a la degradación y destrucción que realmente es. Por ejemplo, un joven cristiano conoce a una hermosa muchacha en la escuela. A medida que la relación comienza a crecer, ella le pregunta, "¿Puedes venir a mi casa para conocer a mis padres?" Él accede a hacerlo, pero cuando llegan a su casa, él se perturbó en demasía. Él vio dos mujeres, y le preguntó a su compañera, "¿Dónde está tu padre?" A lo que ella respondió, "Esta mujer es mi padre, y el marido de mi madre". El joven se enojó tanto que se fue a su casa y lloró delante del Señor, "¿Qué es lo que yo puedo hacer, Dios mío? ¿Qué es lo que puedo decir para ayudar a toda esta gente?"

Los retos que enfrentan nuestros jóvenes hoy en día son mucho más difíciles y más abiertos que en generaciones pasadas; estos retos se aferran a ellos como si fueran un guante, y ellos necesitan la libertad que solo puede venir a través de Cristo Jesús.

Entradas o Portales Hacia el Infierno

Debemos entender verdaderamente las causas demoníacas subterráneas, que están detrás de muchos de los problemas personales y sociales que estamos enfrentando en este momento. Al mismo tiempo, debemos estar seguros de que existe una completa victoria en Cristo Jesús. En algunos de mis libros anteriores, he descrito como Jesucristo se me ha aparecido, y me ha enseñado, por medio de visiones y revelaciones, las profundidades del infierno, y también, la paz y el gozo que existe en el cielo. Él me llevó en un viaje que duró tres horas, cada noche, por treinta noches, a las mismas entrañas de la tierra, para mostrarme el juicio de Su Padre, en contra de la rebeldía y el pecado.

Él también me mostró visiones de "las puertas o portales del infierno", que son los recursos de muchos de los ataques demoníacos que sufrimos actualmente. Estas experiencias fueron tan increíblemente reales, que yo podía extenderme y tocar las imágenes que Él me estaba revelando. Él me guió a los que primeramente parecía ser un torbellino de poderes, mezclado con diferentes tipos de luces, y tonos de color café y blanco. Viendo esto más detalladamente, pude notar que ésta imagen de tornado no se estaba moviendo. Estaba quieta, y estaba conectada a la tierra. Habían varias de estas figuras circulares; algunas de ellas eran transparentes, mientras que otras eran opacas, y se mecían de un lado a otro muy lentamente. Estas puertas o portales del infierno salían de la tierra y se extendían a lo alto hacia la galaxia.

Jesús explicó, "Estos son los portales del infierno. Te voy a llevar hacia dentro de uno de estos portales, y rumbo al infierno". A medida que descendimos por este portal, Jesucristo me recordó que en Su mano había un aro lleno de llaves. Estas llaves eran las llaves del infierno y de la muerte que Él le arrebató al diablo.

> No debemos temer a satanás, porque Jesús ya lo derrotó y obtuvo la victoria total.

En Apocalipsis 1:17–18, Jesús dice, *"Cuando lo vi, caí como muerto a sus pies. Y El puso su mano derecha sobre mí, diciendo: No temas, yo soy el primero y el último, y el que vive, y estuve muerto; y he aquí, estoy vivo por los siglos de los siglos, y tengo las llaves de la muerte y del Hades"*. No tenemos que tener temor de satanás, porque Jesús ya lo derrotó y obtuvo la victoria.

Alrededor del interior de este portal del infierno, que se veía como un túnel, era como una malla transparente de color gris. Detrás de esta malla habían muchos demonios o diablos. Algunos de ellos estaban trepando por las paredes, mientras que otros trepaban y trataban de acercarse, gritándome. Las puertas estaban en la parte alta del túnel.

Entre los demonios que encontré en este portal, algunos eran como de cuatro metros de estatura y se veían como siluetas en forma de cucarachas. También habían figuras demoníacas en forma de arañas enormes que se movían de un lado a otro, y se veían extraordinariamente siniestras. Otras criaturas tenías caras que eran como de setenta centímetros de ancho, con narices muy puntiagudas y con colmillos; tenían colas con una horqueta al final, y tenían alas que les permitían volar. Tenían patas con garras muy filosas, que podían desgarrarte en pedazos. Había gusanos que se arrastraban por sus alas, y eran unas de las más horribles figuras demoníacas que yo jamás he visto. En este portal del infierno había un olor horrendo de azufre demoníaco mezclado con olores de lodo y con el más horrible olor de carne que se estaba quemando.

A medida que recorrimos este portal, Jesús me dijo que el día iba a llegar, cuando todos estos seres malignos, iban a ser soltados sobre la tierra para hacer los antojos del diablo. Hace ya bastante tiempo desde que Jesús me mostró el infierno, pero como escribí anteriormente, en los últimos cinco años, el pecado se ha multiplicado. Estos espíritus horrorosos ya han salido del infierno, y están atacando a las masas.

La Realidad del Infierno

La realidad de satanás, de los demonios, y del infierno se encuentra escrita en las Escrituras. Jesús dijo que existe un *"fuego eterno que ha sido preparado para el diablo y sus ángeles"* (Mateo 25:41). El infierno fue preparado para el diablo y los ángeles que lo siguieron en su rebelión en contra de Dios. Pero desde que satanás engañó a los seres humanos para que se rebelaran y lo siguieran, la gente que no ama a Dios y no Lo sirve—y que continúan en sus egoísmos, siguiendo sus propios caminos, y rechazando los mandamientos de Dios, y el perdón que es por medio de Cristo Jesús—también terminarán en ese lugar. (Favor de ver Mateo 25:14–46).

Las Escrituras se refieren a seguir nuestros propios caminos, en lugar de seguir el Camino de Dios, como "hacer las obras de la carne".

Ahora bien, las obras de la carne son evidentes, las cuales son: inmoralidad, impureza, sensualidad, idolatría, hechicería, enemistades, pleitos, celos, enojos, rivalidades, disensiones, sectarismos, envidias, borracheras, orgías y cosas semejantes, contra las cuales os advierto, como ya os lo he dicho antes, que los que practican tales cosas no heredarán el reino de Dios. (Gálatas 5:19–21)

Repito nuevamente, el infierno no fue hecho para las gentes, especialmente, la gente o el pueblo de Dios.

(Debes estar seguro que los bebés y los niños pequeños no van al infierno. Jesús es misericordioso , y Dios sigue protegiendo a los inocentes). Pero debido a la rebeldía y al pecado de la humanidad, en contra del Creador, el infierno se ha extendido y tiene lugar para las almas de las gentes. (Favor de ver Isaías 5:11–15).

> **El infierno no fue hecho para las gentes, especialmente, no para el pueblo de Dios.**

Muchos de los que se han burlado del Señor Jesús, en lugar de recibirlo en su corazón, mientras estaban en vida sobre la tierra, ahora viven en el infierno. Hay otros ahí que cometieron ofensas y pecados horrorosos, y que nunca se arrepintieron.

Jesús hizo estas declaraciones, entre otras, acerca de la realidad del infierno:

> *Y no temáis a los que matan el cuerpo, pero no pueden matar el alma; más bien temed a aquel que puede hacer perecer tanto el alma como el cuerpo en el infierno.* (Mateo 10:28)

> *Y tú, Capernaúm, ¿acaso serás elevada hasta los cielos? ¡Hasta el Hades descenderás! Porque si los milagros que se hicieron en ti se hubieran hecho en Sodoma, ésta hubiera permanecido hasta hoy. Sin embargo, os digo que en el día del juicio será más tolerable el*

castigo para la tierra de Sodoma que para ti.
(Mateo 11:23–24)

La realidad del infierno es inexplicable. Cuando fui testigo de ello en mis visiones, todo lo que podía sentir era temor y muerte alrededor de mí. Gracias a Dios, que Jesús estaba conmigo y me consoló para "no temer". Él me recordó que yo debía compartir estas visiones con la gente por todo el mundo, y debido a ello, muchas gentes vendrían a ser salvas.

EL PRECIO DE RECHAZAR A JESÚS

No Existe otra Oportunidad para Arrepentirse

He podido hablar con otros que han visto estos portales o puertas del infierno, y recuerdo sus descripciones, de cómo se sentían, a medida que descendían por ese túnel. Ellos sentían como si los espíritus malignos estaban tratando de agarrarlos. Estos mismos espíritus proferían amenazas en forma muy atrevida, tales como, "ahora ya te tenemos", "ya es muy tarde", "te engañamos", "¡debiste haber aceptado a Jesús!"

Cuando rechazas a Jesús, estás invitando en tu vida, toda la contaminación de la incredulidad y un futuro de tormento. Es la cosa más horrible, el hecho de caminar entre los muertos en el infierno. Las almas ahí, están totalmente conscientes del hecho, de que la vida continúa en la tierra, y que ellos tuvieron todo tipo de oportunidades para arrepentirse, antes de haber sido condenados a este horrible lugar eterno. Todavía puedo recordar los gritos de los muertos, haciendo eco en la oscuridad, junto con sus clamores de arrepentimiento—su remordimiento, el hecho de darse cuenta que se están quemando en el infierno. Mi corazón sintió dolor por ellos, y clamé, "Señor, ¿cómo podemos ayudarlos? Qué les puedo decir?" Pensé acerca de la ignorancia que tiene la gente, con relación al juicio de Dios, y comencé a pensar muy claramente acerca de este viaje por el infierno, y la necesidad de ser muy específica y precisa en lo que Dios me estaba mostrando, para que yo pudiera transmitir esta verdad al mundo entero.

Castigo de Fuego

Cuando la gente en la tierra ha rechazado el Evangelio, y muere sin Jesús, los demonios los toman, ponen una cadena alrededor de ellos, y los arrastran hacia una puerta que dirige al infierno. Una vez ahí, son arrojados desde una cima hacia un abismo, donde hay un valle de fuego, y ahí son mantenidos presos. Muchas almas han sido arrojadas a este valle de fuego, antes de ser enviados a sus lugares de juicio, dentro de los diferentes compartimentos del infierno.

Los compartimentos del infierno tienen diferentes grados de intensidad de fuego—unos más calientes que otros. Cada compartimiento representa ciertas leyes de Dios que ellos han violado. Si eres un asesino, entonces te colocan en un compartimiento con todos los asesinos; si eres un mentiroso, te colocan con todos los mentirosos, y así sucesivamente. Las almas en estos compartimientos estuvieron dedicadas para servir a su naturaleza carnal, en lugar de servir a Dios, y escogieron no arrepentirse.

Temor y Pérdida

Mientras que viajé con Jesús abajo, por la puerta del infierno, hubo temor que vino sobre mí, y sentí como todo dentro de mí, y todo lo precioso que había en mí, me había abandonado—mi amor, mi hogar, mi familia. Fue el sentimiento más horrible que jamás tú puedes imaginar.

LA NECESIDAD DE SANTIDAD

Mientras más avanzamos hacia abajo del túnel, enormes serpientes y ratas, y muchos espíritus malignos huían de la presencia del Señor. Cuando entramos a cierto lugar, las serpientes sisearon hacia nosotros, y las ratas hicieron chillidos; todos hicieron sonidos malignos. Había grandes víboras y sombras oscuras alrededor de nosotros. Jesús era la Única Luz, y yo permanecí muy cerca de Él. Había diablos y demonios en las paredes, todo a lo largo del túnel. Yo sabía que todos estos seres malvados tenían la habilidad de hacerse invisibles al ojo natural, porque yo los había visto dirigirse hacia la tierra para hacer las obras de satanás. Sintiendo el temor que yo tenía de este lugar, Jesús me dijo, "No temas. Llegaremos al final de esto muy pronto. Debo mostrarte muchas cosas. Ven, sígueme".

Las serpientes nos pasaron, deslizándose, y había muchos olores muy sucios por todas partes. Las serpientes estaban muy gordas y muy redondas—como de metro y medio de ancho y nueve metros de largo. Vi un estiércol negro que se inflaba y desinflaba. Un olor de estiércol estaba en todo el aire, había espíritus inmundos por todos lados. El miedo llenó todo el aire, y yo sabía que todavía había mucho más que tenía que ver, pero Jesús me dio paz. Él me dijo, "Muy pronto vamos a estar en el centro del infierno".

> Si fallamos, el Señor nos recoge, si nos arrepentimos.

El centro del infierno parecía tener más de veintidós kilómetros de altura, y como cuatro kilómetros de diámetro. Puedo recordar las palabras de Jesús—que me estaba mostrando todas estas cosas, para que yo le diga al mundo que todo esto es real.

Hay una sección en el infierno para las almas que han hecho grandes males en contra del Señor y de Su pueblo. Hay brujas, hombres y mujeres, todos malvados, que no se arrepintieron, se encuentran en celdas. La maldad y el pecado son sus dioses. Escuché que el Señor me dijo, "Debes ser santo, porque Yo Soy Santo. Haz el bien y arrepiéntete en Mi Nombre. Yo Soy la Puerta. Si tú eres fiel y verdadero, ven y sígueme". (Favor de ver 1ª Pedro 1:16, Juan 10:7–9, Mateo 19:21). Yo decidí en mi mente caminar limpio delante del Señor. Yo sabía, que aun si le fallaba, Él estaría ahí para recogerme, si yo me arrepentía, porque yo Le pertenezco.

Fuerzas Demoníacas Lanzadas desde el Infierno

Mientras que el infierno es un lugar de castigo para todos aquellos que rechazan a Dios, también es un lugar, desde donde salen los espíritus inmundos para atacarnos. Cuando Jesús me llevó hacia el infierno, Él me explicó, que, en ciertos momentos, satanás da órdenes, y los espíritus demoníacos son soltados y enviados hacia la atmósfera, para ir a la tierra y a otros lugares. Hoy en día, hay muchos portales del infierno emergiendo del centro de la tierra. Hay poderes demoníacos que están siendo enviados sobre la tierra, para hacer las obras del diablo.

Puedes estar seguro que todas estas cosas son muy reales. Estamos peleando batallas espirituales, tal y como lo leemos en el libro de Daniel. (Favor de ver Daniel capítulo 10). Puedo recordar tan claramente como podía ver las batallas que se estaban librando en el ámbito celestial, en contra de espíritus seductores que vienen en contra de todos nosotros. Yo ore, "Oh Dios, por favor ayúdanos a no caer en las manos de estos poderes seductores, ni en estos malvados caminos". Me dolió el corazón al ver a este líder malvado enviando fuerzas demoníacas sobre la tierra para esparcir sus engaños.

Estamos Involucrados en una Feroz Guerra Espiritual

Aunque el poder demoníaco es horrible y muy fuerte, Jesús es mucho más Fuerte, y Él es nuestro Libertador. Jesús me dijo que las puertas del infierno no iban a prevalecer en contra de la iglesia. (Favor de ver Mateo 16:18). Por eso es muy importante que yo comparta este mensaje de liberación a todo el mundo. Debemos aprender a confiar en Jesús completamente como nuestro Libertador, y debemos aprender a atar las fuerzas demoníacas, mientras que soltamos y enviamos las bendiciones de Dios, en el Nombre de Jesús.

Estamos involucrados en una guerra espiritual que debe ser peleada con las armas sobrenaturales de Dios, por medio de Su poder. Solo Dios nos puede dar la victoria sobre satanás, que es *"el príncipe de la potestad del aire"* (Efesios 2:2), y de de los gobernadores de las tinieblas demoníacas y de la maldad espiritual, en las regiones celestes. Efesios 6:11–12 nos advierte,

> *Revestíos con toda la armadura de Dios para que podáis estar firmes contra las insidias del diablo. Porque nuestra lucha no es contra sangre y carne, sino contra principados, contra potestades, contra los poderes de este mundo de tinieblas, contra las huestes espirituales de maldad en las regiones celestes.*

Debemos involucrarnos en la guerra espiritual, no solo por nuestro propio beneficio, sino por el bien de multitudes de gente, que están siendo engañados por el diablo. En Mateo 18:21, Pedro preguntó cuantas veces él tenía que perdonar a su hermano o hermana que lo ofendieran, y Jesús respondió, *"No te digo hasta siete veces, sino hasta setenta veces siete"* (Efesios 6:22). El perdón es la naturaleza de Dios. Él es un Dios de gracia y misericordia. Él nos exhorta para que tengamos hacia otros, el mismo amor que Él tuvo por nosotros. Debemos restaurar a aquellos que han caído, y que se han alejado de Dios, y traer a Su Reino a todos aquellos que todavía no Le conocen. Debemos ayudar a liberar a la gente de los ataques y del control de satanás.

Me molesta muchísimo el pensar en toda la gente que se está yendo al infierno, porque no tuvieron un sano temor de Dios, y no son salvos. Tal y como hemos visto, la gente hoy en día, está invitando al infierno dentro de sus vidas, por medio de aceptar y adoptar todo tipo de comportamientos paganos y demoníacos. Los demonios los poseen u oprimen, y los usan para llevar a cabo sus actos malignos. Cuando yo estaba con Jesús en el infierno, yo pensé, *Estas puertas o portales del infierno necesitan ser cerradas, porque el enemigo está enviando todo tipo de fuerzas del mal hacia la tierra, tales como pornografía y la destrucción de matrimonios, hogares, y niños.*

Yo escribí este libro como una herramienta, para exponer los actos de la maldad, revelar su origen, darles a aquellos que están atados, la esperanza de saber, que pueden ser libertados por el poder de Dios. Cosas horribles salen del infierno cada vez que satanás da órdenes para que vayan sobre la tierra. Hay espíritus malignos que están caminando, y buscando a quienes pueden devorar (favor de ver 1ª Pedro 5:8), y la gente se está rindiendo y sometiendo ante estos poderes paganos. Pero Dios está advirtiéndole a la gente que dejen el mal que están haciendo, y que se vuelvan al Señor Jesucristo, antes de que sea demasiado tarde.

Tú puedes usar cualquier tipo de filosofía que te guste, para bajar el tono de la realidad y del peligro de las cosas paganas, pero la verdad permanece para siempre. Debemos mantenernos fieles y firmes en la realidad, sin darle nuestra lealtad a grupos de gente, que quieren hacer excusas para poder vivir una vida inmoral y pagana. En la Biblia, el Señor hizo llover fuego y azufre sobre las ciudades de Sodoma y Gomorra, debido al rechazo que mostraron hacia los caminos de Dios, y las Escrituras nos dicen que va a venir un juicio final sobre todas las gentes de la tierra. (Por favor, ver ejemplo en 1ª Pedro 4:5; Apocalipsis 20:11–15). Jesús prometió, *"Entonces aparecerá en el cielo la señal del Hijo del Hombre; y entonces todas las tribus de la tierra harán duelo, y verán al Hijo del Hombre que viene sobre las nubes del cielo con poder y gran gloria"* (Mateo 24:30). Tenemos que estar esperando a Jesús, creyendo que Él vendrá, y que va a juzgar al mundo. *"y de Cristo Jesús, que ha de juzgar a los vivos y a los muertos, por su manifestación y por su reino"* (2ª Timoteo 4:1).

Doctrinas Destructivas de los Demonios

No debes tener duda alguna de esto; Estamos en una guerra espiritual del bien en contra del mal. Esta es una guerra crítica para ganar las multitudes de almas. Estamos peleando en contra de doctrinas de demonios, que han venido a nuestra tierra, para engañar a toda la gente.

Pero el Espíritu dice claramente que en los últimos tiempos algunos apostatarán de la fe, prestando atención a espíritus engañadores y a doctrinas de demonios, mediante la hipocresía de mentirosos que tienen cauterizada la conciencia. (1ª Timoteo 4:1–2)

Estas doctrinas enseñan mentiras e hipocresía. Nos dicen que no debemos creer en la Palabra de Dios, y tratan de despreciar la verdad y el poder que reina desde el cielo. Te dicen que te puedes comportar de la forma que quieras, porque Dios ya vive en ti, y además, Él "entiende". Estas falsas doctrinas implican que Dios se hace disimulado, y acepta las enseñanzas que contradicen Su Palabra. Algunos, incluso dicen, que Dios ni siquiera existe.

Porque se levantarán falsos Cristos y falsos profetas, y mostrarán grandes señales y prodigios, para así engañar, de ser posible, aun a los escogidos. (Mateo 24:24)

Aquellos que promueven falsas doctrinas,

algunas veces tratan de confirmar sus enseñanzas con señales y maravillas falsas, que no vienen de Dios. Estos son espíritus seductores que se están manifestando, para poder promover su propaganda demoníaca.

> **Mientras que satanás solo viene para matar, hurtar y destruir, Jesús viene para darnos vida.**

Existe un lugar y un momento cuando tú necesitas escuchar la verdad y ser liberado. Ese momento y ese lugar es ahora mismo. Aprende la verdad del Evangelio, no solo por tu propio bien, sino por el bien de muchos otros que están sufriendo, bajo las doctrinas de demonios, y que necesitan la liberación de Dios. Lucha contra el diablo, y conoce que tú tienes el poder para vencerlo, en el Nombre de Jesús. Tenemos que creer que Jesús es Señor, y que Su misericordia va a alcanzar a todos aquellos que están siendo engañados. Mientras que satanás solo viene para matar, hurtar y destruir, Jesús viene para darnos vida. (Favor de ver Juan 10:10).

Extinguiendo Toda la Duda y Toda la Incredulidad

A través de la Palabra de Dios, el Señor extingue toda duda e incredulidad, mientras que al mismo tiempo, muestra Su gran poder. Él hace lo mismo por nosotros, hoy en día. En 1ª Reyes 18, leemos cómo Dios envió Su profeta Elías, para exponer al inútil dios Baal. Elías le dijo al pueblo de Israel, que estaba adorando a ese dios falso,

> *Entonces invocad el nombre de vuestro dios, y yo invocaré el nombre del Señor; y el Dios que responda por fuego, ése es Dios. Y todo el pueblo respondió, y dijo: La idea es buena. Y Elías dijo a los profetas de Baal: Escoged un novillo para vosotros y preparadlo primero, pues sois los más, e invocad el nombre de vuestro dios, pero no le pongáis fuego.*
>
> (1ª Reyes 18:24–25)

En vano, los seguidores de Baal clamaron a su dios. Pero cuando Elías clamo el Nombre del Señor sobre Su sacrificio, no hubo duda alguna, en cuanto a Quien era y és, el Único Verdadero Dios Viviente. *"Entonces cayó el fuego del Señor, y consumió el holocausto, la leña, las piedras y el polvo, y lamió el agua de la zanja"* (v. 38).

De la misma manera en que Dios derrotó a Baal, Él sigue derrotando a todos los dioses falsos, y a las doctrinas de demonios que existen hoy en día. La Palabra de Dios y Su poder son extraordinarios, y muy superiores a nuestra mente natural, para que podamos comprenderlo. Tú puedes aceptar esta verdad o puedes rechazarla, pero déjame advertirte que debes escuchar y recibir la Palabra del Señor. La Palabra de

Dios confirma lo que dice, y cumple todo aquello que promete. Debemos remover nuestras dudas e incredulidad, mantenernos firmes en la Palabra de Dios, declarar Su Palabra, y recordarle al diablo que ya está derrotado por la sangre del Cordero.

La Palabra de Dios es mucho más grande que cualquier ataque que el enemigo trate de conjurar para destruirnos. Esta es la razón por la cual debemos dejar de quejarnos, lamentarnos, y tener miedos—que son nuestras reacciones más comunes ante los problemas—y debemos armarnos con las armas que Dios nos ha dado, ¡mientras que peleamos la buena batalla de la fe!

> *Pero los que quieren enriquecerse caen en tentación y lazo y en muchos deseos necios y dañosos que hunden a los hombres en la ruina y en la perdición. Porque la raíz de todos los males es el amor al dinero, por el cual, codiciándolo algunos, se extraviaron de la fe y se torturaron con muchos dolores. Pero tú, oh hombre de Dios, huye de estas cosas, y sigue la justicia, la piedad, la fe, el amor, la perseverancia y la amabilidad. **Pelea la buena batalla de la fe**; echa mano de la vida eterna a la cual fuiste llamado, y de la que hiciste buena profesión en presencia de muchos testigos.* (1ª Timoteo 6:9–12, énfasis añadido)

3

¿A Quién Vas a Servir?

En estos tiempos en que la guerra espiritual ha estado aumentando, hemos sido llamados a tomar una decisión. De la misma manera en que el pueblo de Israel tenía que tomar una decisión en forma muy clara, entre el Dios Viviente y el falso dios Baal, cada uno de nosotros, tiene que tomar una decisión muy clara entre, escoger el Reino de luz de Dios, o servir al reino de tinieblas de satanás. ¿Vamos a servir a Dios o vamos a servir a satanás?—¿ya sea por medio hacer una alianza clara con el enemigo, o por medio de sucumbir ante sus mentiras y sus engaños, usando la seducción de la carne, y traicionando nuestra relación con Dios?

El Señor me revela muy a menudo Su deseo de ver a los cautivos espirituales siendo liberados. Dios no quiere que nadie vaya al infierno. Esta es la razón por la cual Él me ha comisionado para compartir estas revelaciones tan profundas, que Me ha mostrado en el Espíritu Santo, y por eso es que soy tan franca acerca de urgir a las gentes para que se vuelvan a Dios.

Debemos comprender la naturaleza y las implicaciones de nuestra decisión; estamos escogiendo entre la ferocidad del infierno y su oponente—que es el amor de Dios. Dios desea mantenernos cerca bajo Su cuidado. Él no es un dictador malvado, que está acechándonos, y esperando que pequemos, para que Él pueda echarnos al lago de fuego. Dios nos dice en Su Palabra que Él no envió a Jesús para condenar al mundo, sino para redimirlo. *"Porque Dios no envió a su Hijo al mundo para juzgar al mundo, sino para que el mundo sea salvo por Él"* (Juan 3:17). Es Su deseo que nosotros abracemos y recibamos el don de la vida eterna, por medio de arrepentirnos a través de Cristo Jesús, y que Lo sigamos todos los días de nuestra vida.

> Dios nos ama tanto, que Él nos permite hacer la decisión de aceptar Su amor.

¿A quien le vas a dar tu decisión—al Dios Amoroso o a un diablo lleno de odio? ¿Adonde vas a pasar tu eternidad—viviendo una vida abundante con tu Creador Amoroso, o sufriendo un terrible castigo junto con el enemigo de Dios? Dios nos ama y nos respeta tanto, que Él no se forza a Sí Mismo, ni forza Sus dones hacia nosotros. Él nos permite tomar la decisión por nosotros mismos.

En el libro de Josué, la segunda generación de Israelitas, también fue advertida acerca de tomar esta decisión tan importante. Por el mismo decreto que

Dios habló a través de Josué a los israelitas, el Señor nos llama a tomar nuestra decisión: *"escoged hoy a quién habéis de servir"* (Josué 24:15). La Palabra de Dios es muy clara:

> *Nadie puede servir a dos señores; porque o aborrecerá a uno y amará al otro, o se apegará a uno y despreciará al otro.*
>
> (Mateo 6:24)

¿A quién estás sirviendo en este momento? ¿Quién es tu "dios"? ¿Es el dinero, sexo, la adicción, tu trabajo, o aún tu familia? Cualquier cosa que sea capaz de tomar tu atención y tu lealtad, más que Dios, a final de cuantas, se convierte en tu dios. Entonces, satanás usa estas cosas, para mantenerte alejado y que no escuches la Palabra de Dios, y te desvía hacia las profundidades de las tinieblas. El diablo sabe que si puede llenar tu mente con los cuidados de este mundo, entonces, tú no serás capaz de discernir las cosas espirituales, y tendrás la inclinación para ceder a las presiones de la naturaleza carnal. Por esto es que la Palabra de Dios nos instruye acerca de mantener nuestra mente enfocada todo el tiempo en estas otras cosas:

> *Por lo demás, hermanos, todo lo que es verdadero, todo lo digno, todo lo justo, todo lo puro, todo lo amable, todo lo honorable, si hay alguna virtud o algo que merece elogio, en esto meditad.* (Filipenses 4:8)

CONSECUENCIAS DE LA CAÍDA DE LA HUMANIDAD

Imagina por un momento, que estás viviendo en una total utopía en el Jardín del Edén, de la misma forma en que el primer hombre y la primera mujer lo experimentaron sobre la tierra. Tu sed solo puede ser saciada con el agua pura que viene del Río del Edén. Tu hambre solo puede ser satisfecha con la comida que crece en el jardín de Dios, mientras disfrutas de un día de campo entre los árboles que han sido colocados estratégicamente para darte sombra y protegerte del sol. Mientras tanto, estás escuchando una serenata compuesta por las voces de las huestes celestiales. Este coro canta su música directamente de la Palabra de Dios, y toma sus ritmos y tonos del corazón de Dios. Tienes un sentimiento de una realización total, a medida que cumples con el trabajo de Dios en el mundo que Él creó especialmente para los seres humanos, que fueron hechos a Su imagen.

> **Fuimos hechos a la imagen de Dios, y nuestro propósito es hacer Su obra en el mundo.**

Cuando comparamos este escenario con las luchas del mundo en nuestros días actuales, podemos ver que la caída y la rebeldía de la humanidad, causaron una tremenda pérdida a los seres humanos. Pero Dios ha preparado un Camino para reconciliar a la humanidad Consigo Mismo. Medita en las siguientes Escrituras:

Porque de tal manera amó Dios al mundo, que dio a su Hijo unigénito, para que todo aquel que cree en El, no se pierda, mas tenga vida eterna. (Juan 3:16)

Dios estaba en Cristo reconciliando al mundo consigo mismo, no tomando en cuenta a los hombres sus transgresiones, y nos ha encomendado a nosotros la palabra de la reconciliación. (2ª Corintios 5:19)

Mientras que el diablo engañó a los primeros seres humanos, promoviendo su caída (favor de ver Génesis capítulo 3), y sigue engañando a la raza humana, el Señor Jesús ha provisto un camino de escape para nosotros. Nunca fue la voluntad de Dios que nosotros sufriéramos, al ser desconectados de Su presencia. Aunque el pecado nos separó de Dios, nuestro arrepentimiento y sumisión, a través del sacrificio de Cristo Jesús, nos vuelve a conectar. Cuando Dios se convierte en nuestro Padre Celestial, a través de Cristo Jesús, nos convertimos en los herederos de Dios, y Él nos da acceso a Sí Mismo y a Su Reino:

Porque todos los que son guiados por el Espíritu de Dios, los tales son hijos de Dios. Pues no habéis recibido un espíritu de esclavitud para volver otra vez al temor, sino que habéis recibido un espíritu de adopción como hijos, por el cual clamamos: ¡Abba, Padre! El Espíritu mismo da testimonio a nuestro espíritu do que somos hijos de Dios, y si hijos, también herederos; herederos de Dios y coherederos con Cristo, si en verdad padecemos con El a fin de que también seamos glorificados con El. Porque el anhelo profundo de la creación es aguardar ansiosamente la revelación de los hijos de Dios. (Romanos 8:14–17, 19)

LA NATURALEZA DE DIOS EN CONTRA DE LA NATURALEZA DEL DIABLO

El amor, el perdón, y la gracia de Dios son un contraste total de la maldad de satanás. El enemigo desea engañar y atormentar a la gente. Cuando fui llevada al infierno, y vi tantos demonios con sus rostros distorsionados, siempre estaban burlándose y hablándole a las almas perdidas, diciéndoles, "Tú pudiste haber recibido a Jesús, pero te logramos engañar". Entonces, ellos se burlaban de los gritos de las almas atormentadas. Algunos ponían fuego sobre ellas, mientras que otras almas venían al borde del abismo, donde eran encerradas en sus diversos compartimentos, quemándose aún más. En una parte del infierno, pude mirar, como enormes serpientes siseaban, mientras que fuego salía de sus bocas en una manera muy espantosa.

También pude ver al diablo. Algunas veces, él hacia que los demonios se vieran como si fueran humanos, y los enviaba hacia la tierra. Él les daba ciertos trabajos para que los realizaran, y si no podían llevarlos a cabo, él los ridiculizaba enfrente de las gentes. Esta es la naturaleza del diablo. Él no es verdadero para nada y para nadie, ni siquiera para sus propios esclavos e instrumentos del engaño.

Aunque la verdad con relación a la espantosa realidad del infierno debe ser revelada, debemos darnos cuenta, que ese horrible lugar no tiene que ser nuestro destino final. Debido al amor que Jesucristo tiene por nosotros, Él murió en la cruz—tomando el castigo que nosotros merecíamos. Él tomó las llaves del infierno y de la muerte; Él nos salvó, y nos dio el regalo de la vida eterna con Él, para que no tengamos que experimentar ningún tipo de tormento.

¿A Cuál Voz Vas a Escuchar?

En el jardín del Edén, los oídos de los seres humanos fueron entonados originalmente para escuchar la voz de Dios. Con la caída del hombre, Adán y Eva buscaron el conocimiento del bien y del mal, suponiendo que ellos podrían ser iguales a Dios; se volvieron sabios bajo sus propios ojos, escogiendo ignorar la sabiduría y la omnisciencia de Dios. Fue entonces cuando los oídos de la humanidad fueron entonados para oír los engaños seductores del diablo.

Desde el punto del rechazo de Dios, por parte de la humanidad, cada ser humano ha sido nacido en pecado y ha sido *"formado en iniquidad"* (Salmo 51:5). ¿Alguna vez te has preguntado, por ejemplo, por qué es que nunca le tienes que decir a un bebé, o a un niño pequeño cómo portarse mal? Él automáticamente sabe lo que tiene que hacer para meterse en problemas. Se le tienen que enseñar las acciones correctas, para que pueda hacer lo que es agradable ante los ojos de su padre y su madre. De la misma manera, tenemos que ser enseñados que tenemos un Padre Celestial que nos ama y que se preocupa por aquello, que siempre es lo que más nos conviene. Al principio, no siempre vamos a querer tomar el consejo de nuestro Padre Celestial, pero al final, nos vamos a dar cuenta que Él sabe lo que es correcto, y que Su intención es guiarnos lejos de todo peligro. Dios sabe cómo cuidar a aquellos que Le pertenecen.

> **La gracia de Dios nos da la oportunidad de acercarnos a Él, buscando Su sabiduría y Su fortaleza.**

Todos los seres humanos son pecadores por naturaleza, y por lo tanto, el pecado lleva a la condenación. Los sentimientos de inseguridad que están asociados con la condenación, muy frecuentemente, impiden que la gente se acerque a Dios para ser restaurados. Este sentido o sentimiento de estar condenados, viene a las personas que no son cristianos, pero también puede venir a los cristianos que han caído, y que se sienten culpables, no creyendo que Dios puede restaurarlos. Pero, de nuevo, Dios es misericordioso, y no está esperando a que nosotros pequemos, para que Él pueda deshacerse de nosotros. Su gracia, derramada por el Espíritu santo, nos da la oportunidad de acercarnos a Él para ser perdonados, buscando, no solo Su perdón, sino también Su sabiduría y su fortaleza.

Debemos escuchar lo que Dios ofrece, y no ser engañados por las mentiras del enemigo, que siempre nos dice que no podemos ser perdonados, y que no tiene caso alguno acercarse a Dios. Las gentes que constantemente operan de acuerdo a su propia voluntad, sin consultar nada jamás con Dios, y sin acercarse a Él en arrepentimiento, son algunas de las personas más peligrosas en el mundo.

¿Cuáles Son Tus Intenciones Internas?

Dios no se fija en las apariencias externas, pero nos juzga, basado en las intenciones de nuestro corazón. (Favor de ver 1ª Samuel 16:7). Podemos esconder nuestros pecados de los ojos de otras personas, pero no podemos esconderlos de Dios; y tampoco podemos esconder de Él, las verdaderas intenciones que tenemos en nuestro corazón. Él no puede ser engañado jamás.

Había un monje budista en China, que murió y fue testigo de la tragedia del infierno. Él testifica ahora, aunque su cuerpo ya estaba muerto por tres días, que su espíritu estaba muy alerta. En el infierno, la verdad que tiene que ver con aquellos que adoran a los ídolos y a otros falsos dioses, y que rechazan a

Jesús, le fue revelada. Él se asombró de ver a tantos de los grandes maestros de antaño, que estaban ahí, y que habían sido condenados al infierno, debido a sus falsas doctrinas y a su incredulidad. A este monje le fue permitido regresar a la vida, y cuando se despertó en su ataúd—para el asombro de muchos que estaban asistiendo a su funeral—y dio su testimonio, muchos, aún así, no creyeron.

El Evangelio ha sido predicado una y otra vez, pero miles de gentes siguen amando más el estilo de vida que llevan, que la reverencia y el amor que le tienen a Dios. Si se volvieran a Dios y confiaran en Él para que los proteja, ellos podrían ver cambios significantes en sus vidas, y en las vidas de sus seres queridos.

Dios me ha dado la carga de revelar el amor de Cristo Jesús, para que tú puedas escapar de las trampas del enemigo, y que seas lleno con la plenitud de Dios. Hoy en día, tú puedes poseer el poder de Dios en tu vida, experimentando paz, amor, y gozo, en el Espíritu Santo.

TÚ DEBES TOMAR UNA DECISIÓN

Mientras que yo clamaba por las almas un día, y estaba orando con un profeta, se apareció ante mis ojos una visión de un valle. Había montones de tierra en ciertos lugares, que tenían manos que salían de ellos, y pude oír muchos gritos. A medida que las manos emergían de la tierra, pude ver una cosa negra que salía de las manos y también del corazón de estas gentes. El Señor estaba hablando y dijo, "Quiero que las almas se salven".

Cuando tuve la visión del infierno, Jesús me mostró la importancia de arrepentirse y voltear a Él. Ahora, más que nunca, Dios está llamando a las gentes a que se arrepientan de sus pecados y vengan a Él. Su gracia, a través de la sangre de Su Hijo, te puede limpiar completamente. Su misericordia es eterna, y Su amor te está alcanzando hoy en día.

Estamos viviendo en tiempos llenos de maldad, cuando en forma muy especial necesitamos a Jesús. Debo hacer todo lo que pueda para que esta generación esté consciente de las opciones que tienen con relación a su destino eterno. El Señor les dijo a los israelitas, *"Al cielo y a la tierra pongo hoy como testigos contra vosotros de que he puesto ante ti la vida y la muerte, la bendición y la maldición. Escoge, pues, la vida para que vivas, tú y tu descendencia"* (Deuteronomio 30:19). Una vez más, Dios no forza Su amor sobre nosotros, sino que pone dos opciones frente a nosotros: la vida o la muerte, la bendición o la maldición. Él nos permite decidir por nosotros mismos y no nos forza a hacer nada. *"El que cree en El no es condenado; pero*

> Dios pone dos opciones frente a nosotros: la vida o la muerte, la bendición o la maldición.

el que no cree, ya ha sido condenado, porque no ha creído en el nombre del unigénito Hijo de Dios" (Juan 3.18). Yo te quiero exhortar a que escojas la vida, para que las bendiciones de Dios estén, no solo encima de ti, sino también encima de todos tus descendientes.

Jesús derramó Su sangre en la cruz porque Él ya sabía Su destino. Él ya sabía que iba a tener el gozo de salvar multitudes de almas perdidas, y de darles vida eterna. Él sabía que iba a resucitar de entre los muertos para regresar con Su Padre en los cielos, y de esta forma, poder interceder por Su pueblo.

> *Puestos los ojos en Jesús, el autor y consumador de la fe, quien por el gozo puesto delante de Él soportó la cruz, menospreciando la vergüenza, y se ha sentado a la diestra del trono de Dios.* (Hebreos 12:2)

> *Por lo cual Él también es poderoso para salvar para siempre a los que por medio de Él se acercan a Dios, puesto que vive perpetuamente para interceder por ellos.* (Hebreos 7:25)

Dios te ama tanto, que Él dio a Su único Hijo para salvarte de la condenación eterna. Por favor, no tomes esto a la ligera. Este es el momento cuando debemos voltear a Dios. Debemos aprender de Su gracia y misericordia eterna, y cómo es que nos quiere limpiar y purificar a través de la Sangre y justicia de Su Hijo. Sí, a veces tú vas a caer. Sin embargo, si sigues buscando al

Señor con todo tu corazón y con sinceridad, deseando ser guiado por Él, en los caminos de integridad, te puedes levantar otra vez. Si sigues buscando a Jesús, vas a poder ver Su perfecta voluntad, Su autoridad, y Su poder, manifestados en tu vida como nunca antes.

> *Porque el justo **cae** siete veces; **y vuelve a levantarse**, pero los impíos caerán en la desgracia.* (Proverbios 24:16 se añadió énfasis)

Tú Puedes Ser Salvo

¿Cómo puedes ser salvo y cómo puedes permanecer dentro del poder y de la protección de Cristo Jesús? En primer lugar, las Escrituras nos dicen lo siguiente:

> *Que si **confiesas** con tu boca a Jesús por Señor, **y crees** en tu corazón que Dios le resucitó de entre los muertos, serás salvo.*
> (Romanos 10:9 se añadió énfasis)

La salvación comienza con una confesión. A final de cuentas, lo que crees en tu corazón va a salir a través de tu boca; por lo tanto, lo que confiesas, revela lo que está en tu corazón. ¿Qué es lo que estás confesando actualmente sobre tu vida, que es contrario a la confesión de fe en Cristo Jesús, y que está causando que permanezcas en una situación dolorosa? ¿Qué clase de creencias tienes en tu corazón, que te mantienen desconectado de Dios? Cualesquiera que sean estas cosas, debes deshacerte de ellas, y creer lo que dice la Palabra de Dios. Confiesa con tu boca que Dios levantó a Jesús de entre los muertos; cree en esto, y serás salvo

> *Porque con el corazón se cree para justicia, y con la boca se confiesa para salvación.*
> (Romanos 10:10)

Tú no puedes confesar con tu boca hasta en tanto, no hayas creído primero en tu corazón, en el Señor Jesús. Esta es la razón por la cual, la salvación no puede ser forzada en nadie. Es un acto voluntario, de someter conscientemente, tu voluntad, a la voluntad y al propósito de Dios.

Todo aquello que mora en tu corazón le da forma a tus creencias. Esto significa que mientras más Palabra de Dios recibas en tu corazón, más se va a edificar tu fe. *"Así que la fe viene del oír, y el oír, por la palabra de Cristo"* (Romanos 10:17). Si tú sigues confesando la Palabra de Dios, como una manifestación del deseo que tienes de servirlo, eventualmente vas a ver la manifestación del fruto de tus labios. Por lo tanto, cada vez que te sientas tentado a hablar cosas negativas, con relación a los diversos asuntos en tu vida, debes confesar la Palabra de Dios, en lugar de confesar cosas negativas, y de esta manera, retienes firme la confesión de tu fe.

> *Pues la Escritura dice: "Todo el que cree en El no será avergonzado".* (Romanos 10:11)

Miles de almas en el infierno están experimentando

la pena de sus acciones, que los llevaron hacia la perdición eterna. Pero como un creyente, sin importar que sea aquello que amenace con exponer tus debilidades y tus luchas, siempre que continúes creyendo y buscando el rostro de Dios, tú no serás avergonzado.

Una vez, después de haber estado orando por varios días acerca de muchas personas que yo conocía, que se encontraban en diversas ataduras, y que eran muy amadas para mí, yo tuve una visión. Vi el cielo abierto y carruajes de fuego que salían muy poderosamente de ahí. Todos esos carruajes venían a la tierra para ayudar a la gente que estaban en ataduras, y para liberarlos. Se dirigieron a las familias por las que yo había estado orando para liberarlos. Es mi oración que si tú te encuentras atrapado en una atadura espiritual, tú rechaces los engaños demoníacos de Satanás. Tú también tienes el poder para vencerlos en el Nombre de Jesús. Los demonios tiemblan ante el Nombre de Jesús, y tienen que huir.

> **Mientras más Palabra de Dios recibas en tu corazón, más se va a edificar tu fe.**

Muchas veces yo equiparo nuestra relación con Dios a muchos barcos que forman el mar espiritual de nuestra existencia. Él es el Capitán de todos ellos, y nosotros somos los pasajeros que disfrutamos el viaje con gozo y alegría. Un barco representa nuestra comunión con Dios, que Él nos permite experimentar, a medida que venimos a conocer a nuestro Señor y Salvador Cristo Jesús. Otro barco representa nuestra adoración, donde se nos permite entrar al Lugar Santísimo de nuestro Capitán. Nuevamente, Dios no se separa de todos nosotros cuando cometemos actos erróneos. Al contrario, a medida que nos arrepentimos, Él abre Sus puertas, y nos permite el acceso a Su presencia, debido al sacrificio que hizo Su Hijo Cristo Jesús a favor nuestro. De esta manera, podemos restaurar nuestra posición espiritual con Él.

Es imperativo que yo transmita un mensaje muy claro acerca del amor de Dios, y de Su deseo de verte salvo. Cuando te arrepientes con todo tu corazón ante el Dios Todopoderoso, y admites ante Él, las luchas y la necesidad que tienes de ser liberado en el Nombre de Jesús, Él te va a escuchar—sin importar donde estés—y Él te va a liberar completamente.

El error que mucha gente comete, es creer que tienen que vencer las cosas malas en su vida, antes de poder acercarse a Dios, y antes de someterse a Él y servirle. Lo mejor que puedes hacer, es darle tu corazón a Cristo Jesús, en este mismo momento, arrepintiéndote de todos tus pecados, y permitiéndole que Él sea Quien te limpie completamente. Él fue a la cruz para salvarte de la condenación eterna.

Recibe el Ofrecimiento de la Misericordia de Dios

Muchas almas que ahora están en el infierno,

escucharon el Evangelio, pero rechazaron la verdad del Mismo. Básicamente, eligieron el infierno por medio de no creer en Cristo Jesús, y no querer entregarle sus corazones y sus mentes.

¿Acaso realmente entendemos lo que significa la condenación eterna? En mis visiones, pude ver que el infierno es un lugar sin descanso alguno, donde el tormento al que las almas de las gentes están sometidas es eterno. Las almas en el infierno desean desesperadamente, una muerte final para eliminar su dolor y su tortura, pero esto nunca llega a suceder. Gritan pidiendo agua y misericordia, pero nadie les hace caso. Los demonios vienen y los apuñalan, mientras que les vociferan maldiciones y obscenidades, diciendo, "si no te callas, te vamos a quemar aún más". Yo pude ver ratas que mordían a las almas, mientras que estas gritaban, "¡ayúdanos, sácanos de aquí!" Los gritos de los muertos van más allá de cualquier cosa que conozcas, y los olores de la inmundicia son sobrecogedores.

Jesús vino a la tierra para salvarnos de todo esto. Por eso es que te estoy pidiendo que te arrepientas de tus pecados, y que le pidas a Cristo Jesús que entre a tu corazón, que salve tu alma, y que te limpie completamente. No tenemos promesa alguna de estar en esta tierra el día de mañana, debido a que nadie sabe que día va a morir, o cuando Jesús va a regresar a esta tierra.

La extensión del amor de Dios va más allá de cualquier entendimiento humano. Su misericordia y Su gracia siguen alcanzando a todos aquellos que cometen ofensas terribles, pero depende de cada individuo, recibir la oferta de Dios, arrepintiéndose y rindiendo su vida a Dios, a través de Cristo Jesús.

Dios quiere que tu sepas que Él tiene una gran misericordia, y que todavía está tratando de alcanzarte hoy mismo. Si todavía no eres un verdadero cristiano, o si eres un cristiano que está luchando con algún tipo de incredulidad, y con las cosas de este mundo, hay liberación para ti en Cristo Jesús. Voltea a Él, confía en Él, y entrégale tu vida completamente.

> *(Jesús dijo), Todo lo que el Padre me da, vendrá a mí; y al que viene a mí, de ningún modo lo echaré fuera.* (Juan 6:37)

> *Si confesamos nuestros pecados, El es fiel y justo para perdonarnos los pecados y para limpiarnos de toda maldad.* (1ª Juan 1:9)

> *Y que el mismo Dios de paz os santifique por completo; y que todo vuestro ser, espíritu, alma y cuerpo, sea preservado irreprensible para la venida de nuestro Señor Jesucristo. **Fiel es el que os llama, el cual también lo hará**.* (1ª Tesalonicenses 5:23–24 se añadió énfasis)

4

PROTEGIENDO TU CONFESIÓN DE FE

Las Escrituras nos enseñan que es la voluntad de Dios para nosotros, que permanezcamos sin mancha, y que brillemos como luces en medio de este mundo—revelando el amor, la gracia, y el poder de Dios.

Para que seáis irreprensibles y sencillos, hijos de Dios sin tacha en medio de una generación torcida y perversa, en medio de la cual resplandecéis como luminares en el mundo, sosteniendo firmemente la palabra de vida, a fin de que yo tenga motivo para gloriarme en el día de Cristo, ya que no habré corrido en vano ni habré trabajado en vano.

(Filipenses 2:15–16)

Existen varias verdades y principios que necesitamos seguir, para poder guardar nuestra confesión de fe, y para poder brillar como luces, en medio de este mundo tan oscuro.

DEBES ESTAR CONSCIENTE DE TU ENEMIGO

Cuando recibes a Cristo Jesús como tu Salvador y Señor de tu vida, debes estar consciente del hecho que existe un reino malvado y enemigo invisible, cuyo propósito es engañarte, y hacerte regresar a tu viejo estilo de vida. Tal vez no vas a querer reconocer esta realidad, pero el hecho de ignorarla no va a disminuir su existencia, ni la va a hacer desaparecer. Si tú quieres más de Dios, y si quieres permanecer en Él, debes continuar tu caminar de fe, y no rendirte cuando lleguen los retos de esta vida. Todo lo que tengo, es resultado de estar en mis rodillas, en oración, y buscando a Dios intensamente.

Yo puedo recordar un tiempo muy difícil en particular. Estaba intentando publicar mi primer libro acerca del infierno, y por varias razones, me encontraba muy desanimada. No tenía dinero para terminar el proyecto, y me encontraba muy molesta, así que me dije a mí misma, "voy a tomar este libro y lo voy a arrojar al río, porque no existe manera alguna en que yo pueda publicarlo".

> Si quieres más de Dios, no te puedes rendir cuando lleguen las pruebas.

El mismo día que yo había decidido tirar el manuscrito al río, y olvidarme de ello por completo, me encontraba en cama soñando, cuando sentí un golpecillo en mi tobillo. Miré alrededor, pero no había nadie más en la habitación. De repente, fui trasladada de esa habitación, y me encontré parada en las galaxias mirando hacia la tierra. "¡Oh Dios mío! ¿Qué he hecho?" Me dije a mi misma. Comencé a arrepentirme, diciendo, "¡Señor, este libro es obra del Espíritu Santo! ¡Por favor perdóname!" Entonces, escuché una voz diciendo, "¿Por qué tienes miedo de los hombres? Hija, Te he dado la revelación divina del infierno, para que vayas y la compartas con otros, y que ellos puedan ver la realidad de lo que te he enseñado. También vas a hacer una película en el tiempo que tengo preparado para ello".

A medida que escuchaba la voz de Dios, y temblaba al mismo tiempo, mire hacia mi lado izquierdo, y pude ver una enorme bola de fuego. Dentro de las llamas, pude ver la forma de un rostro; se veía como forjado en hierro. El fuego salía de sus ojos, y fue lanzado hacia el universo. Sus mandíbulas eran como de acero. Se abrió su boca y fuego salió de ella, y yo grite. Nuevamente, Dios me dijo, "¿Por qué le temes a los hombres que también son creación mía? Son como grillos ante Mis ojos". Entonces, Él dijo, "Te voy a colocar de nuevo en la tierra, para que hagas Mi voluntad. No vas a tirar en el río lo que te he dado, y vas a publicar ese libro". Y con eso, yo me encontré de regreso en mi hogar, gritando y alabando al Señor. Estaba aterrorizada de lo que había visto, pero yo sabía que era del Señor.

Yo pensé dentro de mi misma, ¿Quiénes somos

para tratar de manipular a Dios? Debes ser real y honesto con Él. Si estás pecando, dile que eres un pecador. Si estás haciendo cosas equivocadas, dile que estás equivocado, y pídele instrucciones para poder cambiar. A Dios le preocupan las decisiones que tú realizas, y quiere ayudarte a hacer las decisiones correctas, cuando tú se lo pides.

ESTABLÉCETE EN TU FE

En segundo lugar, debes establecerte en tu fe. Dios puede enviar a otras personas para que oren contigo, y para que te apoyen, pero tú debes orar por tu propia iniciativa. Además de esto, debes encontrar una buena iglesia que crea en la liberación y en el poder del Espíritu Santo. No puedo enfatizar suficientemente la importancia de permanecer en una iglesia, cuyo pastor realmente se interesa por tu alma, y que predica el Evangelio sin diluirlo, con todo aquello que la mente carnal quiere escuchar.

> La Biblia es tu arma principal para destruir el reino del diablo.

También tienes que leer la Biblia por ti mismo, bajo tu propia iniciativa. La Biblia es el arma principal para destruir el reino del diablo. Es un arma que puedes usar para madurar tu fe, y ganar sabiduría con relación a los engaños de satanás y con relación a las bendiciones de Dios.

Cuando seas confrontado por la guerra demoníaca del reino de satanás, vas a estar mejor equipado para mantener tu liberación, si estás recibiendo impartición continua de la verdad del poder de Dios.

Una persona que tiene la justicia de Cristo Jesús, tiene el derecho de reinar con Cristo para siempre. El diablo sabe esto, y por eso quiere hacerte declarar cualquier otra cosa que no sea la Palabra de Dios sobre tu vida. El diablo sabe que en la confesión de tu fe, radica la sustancia emanadora de vida y de poder. Para mantener tu confesión, debes contraatacar los engaños del diablo, por medio de declarar la Palabra de Dios. Esto es lo que Jesús hizo cuando fue tentando por el diablo, después de haber estado en ayuno y oración por cuarenta días. Cada vez que el diablo vino a tentarlo, Jesús le contestó solamente con las Escrituras.

Los errores más grandes que cometen las gentes cuando son confrontados por las tentaciones de satanás son 1) rendirse y consentir en la tentación que el diablo les está ofreciendo, y 2) desperdiciar tiempo discutiendo con el diablo, en lugar de tomar autoridad sobre él. No tiene caso alguno tratar de convencer al diablo de tu fuerza espiritual. Él ya conoce el poder de Cristo Jesús que reside dentro de ti. Por eso es que intenta engañarte con todo tipo de tácticas, para distraerte e impedirte que uses ese poder en contra de él. Al contrario, *"Por tanto, someteos a Dios. Resistid, pues, al diablo y huirá de vosotros"* (Santiago 4:7).

Debes contraatacar su engaño con la verdad de la Palabra de Dios.

MANTENTE FUERTE Y ALERTA ESPIRITUALMENTE

Las Escrituras nos advierten que debemos obrar nuestra propia salvación con "temor y temblor":

> *Así que, amados míos, tal como siempre habéis obedecido, no sólo en mi presencia, sino ahora mucho más en mi ausencia, ocupaos en vuestra salvación con temor y temblor; porque Dios es quien obra en vosotros tanto el querer como el hacer, para su beneplácito.*
>
> (Filipenses 2:12–13)

¿Por qué el versículo 12 incluye la frase "con temor y temblor"? Yo creo que Dios quiere que nos demos cuenta que existe un precio que pagar para vivir una vida desenfrenada y sin responsabilidad alguna, muriendo sin arrepentimiento. Con todo el amor, la paz y el gozo que Dios nos ofrece, no existe razón justificable para rechazarlo.

Las gentes que se han desviado de Dios, muy a menudo dicen cosas como estas, "¡Ya me cansé de la iglesia! ¡Voy a hacer lo que yo quiero y lo voy a hacer cada vez que se me de la gana!" Nunca debemos amar a una institución a tal grado que cuando nos lastime, nos haga apartarnos de Dios. La amargura es un ataque demoníaco que está diseñado estratégicamente por el enemigo para engañarte, creando resentimiento dentro de ti hacia Dios. Nada ni nadie debe ser tan importante para ti, que se convierta en un poder tal, que amenace la estabilidad de tu relación con Dios. El odio y la falta de perdón, son fuerzas engañosas que vienen de las puertas del infierno para aniquilar tu confesión de fe, y para mantenerte tan alejado de la voluntad de Dios, como sea posible. Piensa acerca de esto. ¿Qué mejor terreno existe para hacer crecer la contención entre cristianos, que la iglesia misma? La iglesia local es el lugar donde los creyentes pasan la mayor parte de su tiempo. Mejoramos nuestra vida y criamos a nuestros hijos en la iglesia. Nos reunimos ahí, buscando apoyo, cuando estamos en medio de una crisis. Tanto de nuestra vida se encuentra invertido ahí, puesto que está diseñado para fortalecernos, que no es una gran sorpresa, entonces, cuando el enemigo usa este mismo lugar, para exponer nuestras debilidades y usarlas en contra de nosotros.

> La iglesia debe darnos fortaleza, pero el enemigo la usa para exponer nuestras debilidades.

El diablo quiere que el mundo vea la iglesia, y que se den cuenta de todas las divisiones que existen, para darles más justificaciones a las gentes, y que se mantengan tan alejados de Dios como puedan. Este es un truco del enemigo, que desafortunadamente, muchas personas que asisten a las iglesias, y aun, líderes de iglesias han fallado en detectar. De la misma manera que existe un cielo que Dios quiere que veamos, también existe un lugar muy real llamado infierno, y el diablo quiere vernos a todos condenados en ese lugar. A medida que el diablo usa todos los elementos de la vida diaria, para distraernos de la voluntad de Dios, los demonios en el infierno se están burlando de las almas que han sido introducidas en las puertas del infierno. Existen portales invisibles que están hambrientos para recibir almas, y que no se detienen ante nada, para llevar a cabo sus planes de maldad.

Enfocarse en los Puntos Básicos

Para poder mantenernos alertas y fuertes espiritualmente, debemos enfocarnos en estos tres aspectos de nuestro caminar en Cristo Jesús, debido a que Dios nos va a juzgar, basado en ellos:

1. La Verdad de la Palabra de Dios.
2. La creencia y confesión de nuestro corazón.
3. Las acciones que confirman nuestra confesión.

Mantenerse en la Verdad de la Palabra de Dios

Primero, debemos mantenernos en la verdad de la Palabra de Dios, sin importar que tanto pueda cambiar el mundo, porque la Palabra de Dios permanece para siempre:

Porque yo, el Señor, no cambio.

(Malaquías 3:6)

Sécase la hierba, marchítase la flor, mas la palabra del Dios nuestro permanece para siempre. (Isaías 40:8)

La suma de tu palabra es verdad, y cada una de tus justas ordenanzas es eterna.
(Salmo 119:160)

Mas la palabra del Señor permanece para siempre. (1ª Pedro 1:25)

¿Cuál es la verdad que tú debes creer con relación a la salvación? Se encuentra revelada en Romanos 10:9, "*que si confiesas con tu boca a Jesús por Señor, **y crees** en tu corazón que Dios le resucitó de entre los muertos, serás salvo*" (se añadió énfasis). Debemos saber que la salvación solo viene a través de Cristo Jesús. Hoy, más que nunca, debemos mantener una posición firme en contra de las fortalezas del enemigo, y debemos saber, sin lugar a dudas, en Quien hemos creído, y qué hemos creído.

Mirad que nadie os haga cautivos por medio de su filosofía y vanas sutilezas, según la tradición de los hombres, conforme a los principios elementales del mundo y no según Cristo. (Colosenses 2:8)

De la misma manera, cada vez que sientas duda acerca de cómo responder a alguna cosa en tu vida, siempre puedes dirigirte a la Palabra de Dios, para medir si tus acciones son correctas. Los mandamientos en la Palabra de Dios nos sirven como un mapa, no solo para guiarnos a la salvación, pero también para guiarnos en nuestra vida diaria, para que podamos vivir de acuerdo a la voluntad de Dios. Nos enseña cómo ser buenos esposos o esposas, como tratar a nuestros hijos y a nuestros padres, y como evitar ser engañados por las trampas de satanás.

> **Las pruebas de esta vida parecen difíciles, pero con Dios nada es imposible.**

En nuestras propias fuerzas, muchas de las cosas que atravesamos en la vida, parecen ser imposibles. Pero nada es imposible para aquellos que creen en Dios, en Su amor, y en Su poder. (Favor de ver Marcos 9:23). Cuando lo buscamos sinceramente en oración, Dios nos oye, y nos manda ayuda. Por lo tanto, debemos tratar al máximo de obedecer a Dios en todo lo que nos diga.

DEBEMOS TENER UN CORAZÓN SINCERO PARA CREER

En segundo lugar, debes asegurarte de que tu corazón es sincero para creer en Dios. Sin importar que tanto digamos estar en una posición correcta con Dios, a final de cuentas, es el estado de nuestro corazón lo que va a determinar la validez de nuestras confesiones.

Tal y como hemos visto, tanto el hecho de creer, como el hecho de confesar, son vitales para la salvación:

Que si confiesas con tu boca a Jesús por Señor, y crees en tu corazón que Dios le resucitó de entre los muertos, serás salvo; porque con el corazón se cree para justicia, y con la boca se confiesa para salvación. (Romanos 10:9–10)

Podemos confesar a Cristo Jesús con nuestra boca todo lo que queramos. Pero si la Palabra de Dios no habita en nuestro corazón, para hacer que nuestra confesión sea genuina, vamos a darnos cuenta de nuestros errores cuando vengan los juicios de Dios.

Pues Dios ve no como el hombre ve, pues el hombre mira la apariencia exterior, pero el Señor mira el corazón. (1ª Samuel 16:7)

Muy a menudo, juzgamos la condición espiritual de una persona, basados en su apariencia externa. Sin embargo, la mirada de Dios va más allá de la máscara física, y perfora directamente, para llegar al corazón. El profeta Samuel casi comete el error de ver la apariencia externa, cuando estaba escogiendo rey para el pueblo de Israel, de la casa de Jesé, y estaba basándose en la estatura de los hijos de Jesé. Pero el Señor lo corrigió rápidamente. El Señor hizo que Samuel mirara más allá del físico de los hijos mayores, y que viera a través de los ojos de Dios, para poder reconocer al hijo menor, David, como el próximo rey de Israel. Cuando Dios juzga, Él mira el corazón.

TUS ACCIONES DEBEN ESTAR DE ACUERDO CON TUS CONFESIONES

En tercer lugar, debes asegurarte que tus acciones estén de acuerdo con tus confesiones. Somos justificados por fe, pero también debemos hacer buenas obras como fruto y evidencia de nuestra fe. Recuerda que tus obras no son las que te salvan. Sin embargo, no puedes decir que tienes una relación con Jesús, si no estas haciendo las obras que Él nos llama a hacer.

Porque somos hechura suya, creados en Cristo Jesús para hacer buenas obras, las cuales Dios preparó de antemano para que anduviéramos en ellas. (Efesios 2:10)

Palabra fiel es ésta, y en cuanto a estas cosas quiero que hables con firmeza, para que los que han creído en Dios procuren ocuparse en buenas obras. Estas cosas son buenas y útiles para los hombres. (Tito 3:8)

Porque así como el cuerpo sin el espíritu está muerto, así también la fe sin las obras está muerta. (Santiago 2:26)

No es suficiente confesar a Jesús como Señor; También debemos hacer un esfuerzo consciente de obedecer Sus mandamientos y hacer Sus buenas obras.

Debemos buscar las cosas celestiales, y no las cosas de la tierra. (Favor de ver Colosenses 3:1–2). Nuestra vida debe estar *"escondida con Cristo en Dios"* (v. 3). Debemos *"vestirnos del hombre nuevo, el cual se va renovando hacia un verdadero conocimiento, conforme a la imagen de aquel que lo creó (Cristo Jesús)"* (v. 10).

Dios nos da fe (favor de ver Romanos 12:3) para poder llevar a cabo Su buena voluntad. Debemos poner a Dios primero, antes que todo; debemos tratar a los demás con el amor de Dios, y mostrar misericordia, gracia y perdón, de la misma forma en que nuestro Señor y Salvador nos comparte estos dones.

Viviendo por Fe

Finalmente, es imperativo recordar que Cristo Jesús es el único, repito, el único Juez Viviente. Nunca debemos calificar la salvación de otros (incluyendo la nuestra) basados en sus luchas. Cada uno de nosotros tiene una relación única con Cristo Jesús, que es la que determina Su juicio final. Pablo escribió en Romanos 14:4, *"¿Quién eres tú para juzgar al criado de otro? Para su propio amo está en pie o cae, y en pie se mantendrá, porque poderoso es el Señor para sostenerlo en pie"*. Esto no quiere decir que el Señor tolera casualmente un estilo de vida pecaminoso. Si te encuentras en medio de un gran error, la gracia de Dios esta dispuesta para ti, para que te puedas apartar de lo que estas a punto de hacer. Sin embargo, si persistes en hacerlo, estarás violando el mandamiento de

Dios. No te engañes, por medio de pensar que ya has nacido de nuevo y que vas a ir al cielo, sin importar si sigues pecando sin arrepentirte.

> *Sabemos que todo el que ha nacido de Dios, no peca (deliberadamente o a propósito); sino que aquel que nació de Dios (la Divina presencia de Dios lo protege en contra de todo mal) le guarda y el maligno no lo toca.*
>
> (1ª Juan 5:18 Versión Amplificada)

> *Si decimos que tenemos comunión con El, pero andamos en tinieblas, mentimos y no practicamos la verdad; mas si andamos en la luz, como El está en la luz, tenemos comunión los unos con los otros, y la sangre de Jesús su Hijo nos limpia de todo pecado. Si decimos que no tenemos pecado, nos engañamos a nosotros mismos y la verdad no está en nosotros.* (1ª Juan 1:6–8)

La gracia de Dios está disponible para nosotros. *"Si confesamos nuestros pecados, El es fiel y justo para perdonarnos los pecados y para limpiarnos de toda maldad"* (1ª Juan 1:9). Más aun, Dios nos ha dado a cada uno, una medida de fe; debemos fortalecer nuestra fe de acuerdo a Su Palabra, y activar esa fe, a fin de mantenernos en la justicia.

> *Porque en virtud de la gracia que me ha sido dada, digo a cada uno de vosotros que no piense más alto de sí que lo que debe pensar,*

sino que piense con buen juicio, según la medida de fe que Dios ha distribuido a cada uno. (Romanos 12:3)

Así que la fe viene del oír, y el oír, por la palabra de Cristo. (Romanos 10:17)

Porque en el evangelio la justicia de Dios se revela por fe y para fe; como está escrito: Mas el justo por la fe vivirá. (Romanos 1:17)

5

RECONOCIENDO Y CONTRAATACANDO LAS TÁCTICAS DEMONÍACAS

Dios no quiere que estemos atados al enemigo y a sus engaños. Tenemos un Dios que nos ama tanto, que ha provisto un Camino para liberarnos en el Nombre de Cristo Jesús, y por Su sangre. Él verdaderamente quiere liberarte de la mano de satanás. Por lo tanto, Él quiere que tú entiendas la realidad del engaño demoníaco y las tácticas asociadas con las puertas del infierno—y la forma en que puedes contraatacarlas.

El Señor Jesús es un Dios asombroso, y Él te puede llevar a través de cualquier dilema que esté presente en tu vida. Cuando sabes quien eres en Cristo Jesús, nada te puede detener—ni siquiera las tácticas engañosas del reino de satanás, que vienen para matar, hurtar y destruir. (Favor de ver Juan 10:10). Otra vez, por esto es tan importante que tú te encuentres bajo el liderazgo de una iglesia que enseñe las enseñanzas bíblicas, debido a que mucha gente en el mundo, hoy en día, rechaza las enseñanzas de Cristo Jesús. Existen verdades concernientes al reino de las tinieblas y acerca de la guerra espiritual, que debes aprender, para poder reconocer y poder nulificar los ataques de satanás.

Influencias Satánicas

Desde el ciudadano común y corriente, y hasta las figuras más prominentes en la sociedad, ninguno—sin el poder de Dios—es inmune a las influencias de las fuerzas manipulativas de satanás. El infierno tiene muchos engaños, seducciones, y maldad. Aún los demonios no confían unos en otros. Ellos no pueden confiar unos en otros porque todos ellos son unos mentirosos.

El diablo no va a hacer nada que vaya a beneficiar tu existencia, sino que va a lanzar una guerra espiritual en tu contra, a fin de poder destruirte. Las dificultades que estás experimentando en tu vida, tal vez no se deban a batallas humanas solamente. Al contrario, pueden ser fortalezas espirituales causadas por poderes demoníacos, a fin de detenerte o desanimarte, para que pierdas tu herencia real, que posees como rey y sacerdote en el reino de Cristo Jesús. Jesús proveyó esta herencia para nosotros, y tenemos que protegerla. En el libro de Apocalipsis leemos lo siguiente,

Y los has hecho un reino y sacerdotes para

nuestro Dios; y reinarán sobre la tierra.
                                              (Apocalipsis 5:10)

No permitas que el enemigo te robe lo que Dios te ha dado.

MALDADES ESPIRITUALES EN LUGARES ALTOS

La verdad invisible que todos debemos entender es que los principados de maldad rigen sobre varios territorios. Si estos principados de las tinieblas no son echados fuera, ellos van a gobernar todo aquello que se someta ante sus influencias demoníacas, y que se encuentre dentro de sus territorios.

En una ocasión, vi poderes demoníacos que estaban rondando sobre cierto estado. Eran unas criaturas enormes—tal vez de unos quince metros de estatura—y estaban descansando sobre siete grandes tronos de cemento. Estaban todos en un círculo, murmurando unos a los otros. Trataban de imitar la voz autoritaria de Dios, que es como el ruido de muchas aguas. (Favor de ver Apocalipsis 1:15, 14:2). Debido a que Dios ya me había permitido oír Su voz, cuando me llevó al cielo, yo pude reconocer, que aunque esta voz se parecía mucho a la que yo había oído, no era la misma.

El Dios Vivo y Verdadero me dijo, "Suena muy parecido a mi voz, hija mía, ¿o no?" Él me explicó, "Este es el príncipe de la potestad del aire, los gobernadores de poderes demoníacos, las maldades espirituales en lugares altos, que se sientan en los aires sobre la tierra. Ellos causan un caos en la vida de las gentes, y lavan el cerebro de aquellos que ceden ante sus influencias paganas. Quiero que veas esto, que lo entiendas, y que se lo digas al mundo. Debes explicarles que en el Nombre de Jesús pueden tener el poder y la autoridad para derribar este tipo de reinos".

Muy pronto comencé a entender la realidad y la necesidad que tenemos acerca de la armadura espiritual que Pablo menciona en Efesios capítulo 6. Pablo nos exhorta para que siempre estemos vestidos para la batalla, a fin de poder nulificar los ataques, y también a los principados y potestades demoníacos.

> *Revestíos con toda la armadura de Dios para que podáis estar firmes contra las insidias del diablo. Porque nuestra lucha no es contra sangre y carne, sino contra principados, contra potestades, contra los poderes de este mundo de tinieblas, contra las huestes espirituales de maldad en las regiones celestes.*
>
> (Efesios 6:11–12)

A medida que me preparaba para orar, el Señor me recordó, "Todo lo que ates en la tierra es atado en el cielo, y todo lo que sueltes en la tierra es soltado en el cielo". (Favor de ver Mateo 16:18; 18:18). Toma dominio sobre estas cosas y átalas. Ordénales que caigan de sus tronos, en el Nombre de Jesús, y por la Sangre de Cristo Jesús.

Jesús dijo que si creemos en Él podemos hacer obras más grandes aquí en la tierra de las que Él hizo, por medio del poder del Espíritu Santo: *"En verdad, en verdad os digo: el que cree en mí, las obras que yo hago, él las hará también; y aun mayores que éstas hará, porque yo voy al Padre"* (Juan 14:12). A medida que Dios nos revela el reino de las tinieblas, podemos ejercitar nuestro poder para prevalecer en contra de cualquier ataque demoníaco. Creo que es algo maravilloso, el hecho que Dios nos ha investido con Su poder—no para que nosotros seamos exaltados, sino para que exaltemos al Señor Cristo Jesús.

> Dios nos ha investido con Su poder para que exaltemos al Señor Cristo Jesús.

Mientras que yo veía a estos seres malvados manifestándose sobre sus tronos de cemento, yo sabía que mucha gente iba a ser engañada en la tierra. Así que comencé a orar a Dios y a alabarlo, pidiéndole liberación. Entonces, vi un grupo de ángeles descendiendo desde el cielo. Vi como rodearon a estos demonios, pusieron cadenas alrededor de ellos, y los derribaron de sus tronos. Uno por uno, comenzaron a caer de sus tronos, a medida que los ángeles los derribaron. Los ángeles estaban gritando y alabando al Señor, en el Nombre de Jesús.

A través de la sangre de Jesús y en Su Nombre,

podemos derrotar a cada demonio. En el deporte del boliche, o bolos, el objetivo es tirar todos los pinos que se encuentran formados al final de la línea. Cuando tiras la bola hacia los pinos, algunas veces puede desviarse e irse hacia la canaleta. Pero tu objetivo es darle al pino de enfrente, para que caiga, y tire el resto de los pinos. Esta es la forma como yo veo la guerra espiritual en contra de los demonios. Si tratamos directamente con los espíritus demoníacos, por medio de tirarlos, en el Nombre de Jesús, ellos responderán, por medio de caer en completa derrota. Tienen que huir porque no pueden resistir el Nombre de Jesús, ni la Sangre que Él derramó por nosotros.

Vamos a ver algunos elementos clave, para poder reconocer los ataques espirituales.

Operaciones de Demonios

Tal y como lo escribí en el capítulo uno de este libro, el diablo usa la estrategia de engañar, para atrapar a las gentes y destruirlas, y una de las maneras como él engaña, es por medio de falsas enseñanzas. No es coincidencia que existen tantos libros y muchos otros materiales disponibles hoy en día acerca de "como llegar a desarrollar todo tu potencial". Hemos sido enseñados a escuchar nuestra "voz interior", mientras que al mismo tiempo estamos ignorando la voz de Dios. Esto no quiere decir que no debemos tratar de aprender más continuamente acerca de nosotros mismos y el mundo que nos rodea, para mejorar nuestra vida. Pero hay muchas enseñanzas en la cultura popular que niegan la realidad de Dios y de Su Palabra, al promover la superioridad de la humanidad y de las habilidades e intelecto de los seres humanos. Debemos ser muy cuidadosos de no aceptar estas ideas, que están basadas en opiniones imperfectas de la humanidad caída, y que no toman en cuenta la verdad de la Palabra de Dios.

Cada vez que no reconocemos la voz de Dios, o cada vez que confundimos la voz del diablo, creyendo que es la voz de Dios, los demonios se ríen de nuestra ignorancia. Cuando le prestamos oídos a la voz del diablo, estamos poniendo en riesgo nuestra herencia, de la misma manera en que Adán y Eva perdieron su herencia con el diablo, cuando decidieron escuchar a sus mentiras en el jardín del Edén.

El diablo quiere engañarte para que pierdas tu posición espiritual, por medio de las tácticas de manipulación e intimidación. Él usa el hecho de que la gente está buscando a Dios, como una oportunidad para presentarse ante ellos como una forma de divinidad, que de hecho carece de poder alguno. (Favor de ver 1ª Timoteo 3:5). En los últimos días, van a existir muchas enseñanzas que

> **Debemos aprender a reconocer la voz de Dios, para que no tengamos que aceptar los engaños del diablo.**

se van a disfrazar como divinas y llenas de consejos puros. Se nos van a presentar todo tipo de doctrinas que buscan abrir nuestra mente a evangelios erróneos Esta es la razón por la cual, la verdad y la sabiduría de la Palabra de Dios es un recurso vital, para todos aquellos que ya creen, de la misma forma que lo es para aquellos que están buscando a Dios.

Debemos ser capaces de discernir las enseñanzas erróneas del verdadero Evangelio de Cristo Jesús. Nuestra herencia no son las puertas del infierno, sino la vida eterna.

> *El Espíritu mismo da testimonio a nuestro espíritu de que somos hijos de Dios, y si hijos, también herederos; herederos de Dios y coherederos con Cristo, si en verdad padecemos con El a fin de que también seamos glorificados con El.* (Romanos 8:16–17)

A continuación vas a ver algunas directrices que nos van a ayudar a distinguir la diferencia entre las verdades bíblicas y el error.

1. *¿Acaso la enseñanza dice que la salvación se encuentra solo en Jesús?* Hoy en día estamos inundados con enseñanzas acerca de todo tipo de "dioses" y "profetas", a través de los cuales se supone vamos a encontrar la verdad y la salvación. Algunas de estas enseñanzas promueven la idea de que nosotros mismos somos "dioses o diosas". Si la enseñanza te motiva a adorar o deidificar

cualquier otra persona o cosa que no sea Dios el Padre, Su Hijo Jesucristo, y el Espíritu Santo, entonces, no es el verdadero Evangelio. Más aun, si algún otro hombre o mujer dice ser el Cristo, él o ella está presentando un evangelio erróneo. (Favor de ver, por ejemplo, Hechos 4:10–12; Jeremías 10:11–12; Mateo 24:4–5).

2. *¿Acaso la enseñanza afirma que Jesús fue nacido de una virgen, vivió una vida sin pecado, murió por nuestros pecados, y fue resucitado físicamente?* Cualquier enseñanza que contradice siquiera uno de estas doctrinas bíblicas es un evangelio erróneo. (Favor de ver, por ejemplo, Isaías 7:14; hebreos 4:15; 1ª Corintios 15:3–4).

3. *¿Acaso la enseñanza niega la realidad del cuerpo físico del hombre o del espíritu eterno del hombre?* La humanidad consiste de cuerpo, alma y espíritu, y el espíritu humano es eterno. *"Y así como está decretado que los hombres mueran una sola vez, y después de esto, el juicio"* (Hebreos 9:27). Después que morimos, no somos reencarnados en otro ser humano, ni en otro animal. Nuestro destino eterno se determina para siempre a través de las decisiones que tomamos mientras que nos encontramos en la tierra. (Favor de ver, por ejemplo, 1ª Tesalonicenses 5:23; 2ª Corintios 5:1; Mateo 25:31–46; Marcos 16:16).

4. *¿Acaso la enseñanza dice saber la fecha en que el mundo se va a acabar?* Si la enseñanza hace tal tipo de suposición, no se trata del Evangelio

auténtico de Cristo Jesús, porque Jesús dijo que nadie sabe ni el día, ni la hora en que Él va a regresar. (Favor de ver, por ejemplo, Mateo 24:36, 25:13).

Cazando las Debilidades de las Gentes

Otro tipo de operación de los demonios es el hecho de cazar las debilidades, tanto de los cristianos, como de los paganos. Cuando fui llevada al infierno, pude ver grupos de demonios que hablaban. Estaban reunidos en grupos formados de doce a veinte demonios, y el demonio más grande de cada grupo les daba ordenes de lo que tenían que hacer en la tierra. Vi un grupo más pequeño de diez demonios cuyo trabajo era ir a la tierra, a cierto estado, en los Estados Unidos, y crear todo un caos en la vida de miembros de familia de hombres y mujeres poderosos de Dios.

Había un ministro, especialmente, de quien los demonios estaban discutiendo muy especialmente. Se les había asignado la tarea de atacar al primo de este ministro, a fin de distraer al ministro y que no hiciera la voluntad de Dios. La orden salió para causar accidentes en la vida de este primo del ministro. "Queremos que causen accidentes y problemas, porque este ministro no está leyendo la Biblia, ni está orando o velando. Él no está cubierto con la Palabra de Dios, así que quiero que ustedes vayan y expongan un asunto que él tiene en su vida". Los demonios estaban riendo y burlándose, y no podían esperar a hacer esto. Ofrecieron recompensas a otros demonios si causaban más problemas. Mientras escuchaba todo esto, yo pude oír al demonio más grande, que les decía a un grupo de demonios que eran como de 3 metros de estatura, "Su trabajo consiste en ir, y causar un caos total, con muchos problemas en sus finanzas. Ustedes son 'el hombre fuerte', y van a causar muchas divisiones en los matrimonios de esta familia, y esto, también, va a distraer a este ministro". (Favor de ver, por ejemplo, Mateo 12:29). Se les advirtió que eventualmente el ministro se podía llegar a preocupar por su primo y que podría comenzar a orar. "Él tiene el poder en el Nombre de...el Nombre que no nos gusta pronunciar... él tiene poder en ese Nombre para echarlos a ustedes fuera, pero si van y hacen estas cosas rápidamente, antes de que él tenga tiempo para discernir o ponerse a orar, podemos provocar que estas crisis destructoras prevalezcan en ésta familia".

Este ministro no sabía que toda esta conversación y engaño se estaba tramando, a fin de destruir su familia. Él no sabía que debería orar y buscar al Señor diligentemente. Sin embargo, los ángeles de Dios escucharon estos planes, y ángeles protectores fueron enviados para proteger tanto a este ministro como a su familia. Dios es brillante. Él sabe todo lo que el diablo está haciendo, y Él sabe como mandar ayuda desde Su santuario. (Favor de ver Salmo 20:1–2). Si lees el libro de los Salmos, podrás darte cuenta que Lo ha hecho muchas veces.

Así como intentaron hacerlo en la vida de este ministro, la operación de los demonios, para causar problemas y perturbar tu vida, en forma tan sobrecogedora, tiene el objetivo de mantener tu atención solamente en todo aquello que está sucediendo alrededor de ti. Tratan de impedir que te mantengas diligente en la oración, siendo fiel y obediente a Dios. Por ejemplo, tal vez hagan que tu automóvil se descomponga, y que tu recibo de energía eléctrica aumente en forma incomprensible, justo cuando estás tratando de juntar dinero para pagar tu hipoteca. Estas presencias malignas tratan de atacar cualquier cosa que tiene que ver con nosotros en el mundo natural, a fin de destruir nuestro espíritu.

Los demonios van a atacar a los niños indefensos, así como a los adultos que se encuentren indefensos. Por ejemplo, si un niño es violado o abusado de alguna manera, Normalmente tiene mucho miedo y tormento en su corazón y en su mente, y los espíritus demoníacos vienen a tratar de mantenerlo en un estado de desconcierto y muy pobre autoestima por el resto de su vida. Solo puede ser libre por medio de la liberación, a través de la gracia de Dios, y en el Nombre de Jesús. De esto se trata el asunto de la liberación—de liberar a todos los cautivos.

Otra área vulnerable es la falta de entendimiento que tiene la gente acerca de la verdadera naturaleza de la guerra espiritual. Ellos piensan que siempre es algo raro o muy dramático, y tratan de mantenerse alejados de ello. O ellos discuten acerca de lo que realmente involucra a la guerra espiritual. Al contrario, debemos darnos cuenta que todos confrontamos esta guerra espiritual, prácticamente todos los días. El diablo ataca tanto a los creyentes como a los paganos, porque él desea mantener a todos alejados de nuestro Padre Celestial.

Existe una guerra espiritual invisible en los cielos, en la cual estamos

> **Debemos darnos cuenta que todos confrontamos una guerra espiritual prácticamente todos los días.**

activamente involucrados, y muchas veces, sin siquiera darnos cuenta. Por ejemplo, ¿alguna vez te has preguntado, "mañana, voy a ayunar"? Aun si normalmente tú no desayunas, cuando te levantas ese día para ayunar, te sientes tan hambriento, que rápidamente te encuentras sosteniendo una dona en tu mano, antes de que te acuerdes que habías prometido un sacrificio de ayuno para Dios ese día. Este tipo de circunstancias no son mera coincidencia. El diablo va a usar cualquier debilidad que pueda encontrar, para tentarte, y hacerte que violes tu fidelidad hacia Dios. Durante un ayuno, te va a tentar con la comida, en tiempos de carencia económica, va a bombardear tu mente con el temor de las deudas que no has pagado; si estás enfermo, va a tratar de intensificar el dolor; y si estas sufriendo, va a causar mayor opresión.

Tentando a la Gente para que Tomen malas Decisiones

Otro truco del enemigo es usar tu apetito por las cosas terrenales, para hacerte comprometer o negar tu posición espiritual con Dios, a través de tomar decisiones tontas. El hacer una mala decisión, basados en los deseos terrenales, no solo puede tener un efecto adverso potencialmente en tu familia, tu trabajo o tu estado económico, pero algunas veces, también puede devastar tu relación con el Señor.

Cuando eres tentado a tomar una decisión basado en motivaciones paganas, debes reconocer que tu salud espiritual se encuentra en riesgo. Busca la guía de Dios en oración, y busca en Su Palabra siempre que tomes decisiones. No pienses solo en las consecuencias materiales de tus decisiones, sino considera las consecuencias espirituales de las mismas.

Algunas veces, hacemos decisiones negativas que alteran toda nuestra vida, solamente porque no tomamos en cuenta la voz de Dios. Cuando Dios habla, es con un propósito específico, así que siempre debemos tomarnos tiempo para escuchar lo que él tiene que decir. Nunca debes estar tan ocupado en tu vida, que no tengas tiempo para oír la voz de Dios.

Las puertas del infierno no deben ser las fuerzas reinantes o predominantes en el proceso de decisiones del creyente. Cuando te tomas el tiempo suficiente para conocer a Dios, también estarás experimentando el dominio que Él te ha dado sobre la tierra, a través del Espíritu Santo, y en el Nombre de Jesús, y las puertas del infierno no serán capaces de prevalecer en tu contra.

Motivando a la Gente para que Reaccione Equivocadamente ante las Crisis de la Vida

Al enemigo también le gusta que alimentemos emociones fuera de control, para que reaccionemos ante las crisis de la vida, de acuerdo a nuestros sentimientos, en lugar de reaccionar de acuerdo a la Palabra de Dios. Por ejemplo, en medio de una crisis, la peor cosa que tú puedes hacer es responder o hacer decisiones que alteren tu vida mientras que te encuentres enojado. El enojo es el lugar de juego del diablo, y él lo va a usar para tomar toda su ventaja. Muchas personas que se han intoxicado con enojo, han tenido grandes resentimientos por haberse embriagado con esta emoción tan venenosa. Ellos dijeron cosas como, "yo no sé qué fue lo que me movió a hacer esto".

Siempre toma el tiempo necesario para salirte de una situación que esté fuera de control, en lugar de intentar manejarla sin la ayuda de Dios. Recuerda que las Escrituras dicen, *"Airaos, pero no pequéis; no se ponga el sol sobre vuestro enojo, ni deis oportunidad al diablo"* (Efesios 4:26–27). Nos enojamos en ciertas situaciones, pero no debemos pecar por medio de

dejarnos llevar de la ira, buscando venganza, o manteniendo resentimientos y falta de perdón. No debemos
darle oportunidad al diablo, ni abrirle ninguna puerta
por donde pueda meterse en nuestra vida.

Atrapando Gentes por Medio de Potestades y Fortalezas Espirituales

Otra función de las fuerzas demoníacas es afectar nuestro comportamiento a través de "potestades
o fortalezas". Definido en forma general, una potestad o fortaleza es una columna de apoyo o un castillo
que la gente levanta para mantener a sus enemigos
afuera. Nuestro enemigo es el diablo. Pero el enemigo
del diablo es todo aquello que tiene que ver con lo divino y con lo verdadero, y él trata de crear columnas
o castillos, fortalezas en tu vida para bloquear todo lo
divino y verdadero, evitando que estos reinen en tu vida.

> **Podemos contraatacar a satanás por la Sangre de Cristo Jesús y con la Palabra de Dios.**

Las fortalezas satáni-
cas pueden manifestarse en
forma de "maldiciones ge-
neracionales". Estos son potestades que normalmente
toman su poder bajo cierto
nombre o sobre algún pro-
blema en particular, o bajo
alguna enfermedad, tales
como el abuso o la adicción. Estas potestades pasan a
través de las familias, y pueden venir desde tus tata-
rabuelos o incluso antes.

Otra vez, las fuerzas satánicas van a tratar de atarte en cierta área de tu vida, para impedir que el Espíritu de Dios y Sus bendiciones se manifiesten de lleno en tu vida. Atar significa amarrar muy firmemente. Si estas potestades nunca son confrontados por una persona espiritual madura, que sabe como tomar autoridad sobre ellos, entonces, pueden convertirse en fuerzas del mal residentes, que en forma muy necia van a tratar de rehusar abandonar su dominio. Por ejemplo, cuando una persona se ata a sí misma con otra persona en matrimonio, y se convierte en uno solo con esa persona, él o ella, algunas veces comienza a heredar mucho de las cualidades negativas del esposo o esposa. Los demonios territoriales van a tener "el derecho" de atarte en ciertas áreas debido a las maldiciones generacionales que tú has permitido en tu familia, durante el pasado, a través de los años—a menos que tú las venzas a través del Nombre y de la Sangre de Jesús, Quien tomó el castigo por ellos, para liberarte completamente en la cruz. Por lo tanto, tienes que tomar autoridad sobre estas potestades a través de Cristo Jesús, para poder experimentar liberación. A menos que tú las eches fuera, ellas van a seguir danzando en tu vida y continuando con las siguientes generaciones.

Contraatacando los Ataques y Potestades Demoníacos

Satanás rehúsa rendir su dominio sobre este

mundo, sin dar una pelea estratégica. Podemos contraatacarlo y a todas sus artimañas con el Nombre y la Sangre de Cristo Jesús, y por el poder de la Palabra de Dios, viviendo de acuerdo a los caminos de Dios. A continuación sugiero algunas maneras en que te puedes proteger de estas potestades, y al mismo tiempo, pelear esta guerra espiritual.

Vive Bajo la Protección de Dios

Para estar protegido de los ataques de las potestades satánicas y otros de sus emisarios, debes vivir en un lugar de seguridad, edificado por el Sabio Arquitecto—El Señor Jesús. El refugio que él provee es 1) capaz de sostenerte, y 2) fuerte suficientemente para evitar que el enemigo pueda penetrar tu confesión de fe. Este lugar de seguridad tiene un fundamento construido en el verdadero Evangelio de la salvación, a través de Cristo Jesús, que es la Palabra Viviente de Dios.

Conforme a la gracia de Dios que me fue dada, yo, como sabio arquitecto, puse el fundamento, y otro edifica sobre él. Pero cada uno tenga cuidado cómo edifica encima. Pues nadie puede poner otro fundamento que el que ya está puesto, el cual es Jesucristo.

(1ª Corintios 3:10–11)

Puesto que en obediencia a la verdad habéis purificado vuestras almas para un amor

*sincero de hermanos, amaos unos a otros en-
trañablemente, de corazón. Pues habéis nacido de nuevo, no de una simiente corruptible,
sino de una que es incorruptible, es decir, mediante la palabra de Dios que vive y permanece.* (1ª Pedro 1:22–23)

Cada vez que se debilita tu fundamento, esto se
debe a que lo estás mezclando con algo que no pertenece a tu fundamento. Debes checar qué es lo que está
contaminando tu fundamento. ¿Estás escuchando
las voces equivocadas, tomando malos consejos, o
dudando de la fuerza de la Palabra de Dios? Tu Pe-
rito Arquitecto entiende la necesidad que tienes de
tener una estructura que te pueda proteger de vientos turbulentos y de la lluvia—que son las pruebas y
problemas de la vida. Dentro de tu fortaleza existen
columnas de apoyo edificadas por el Sabio Arquitecto
para sostenerte. ¡Las lecciones de la vida nos enseñan
a mantenernos bajo la protección de la fortaleza durante los tiempos difíciles!

Estas columnas de protección solo pueden ser
removidas por la delicada mano de Dios. Él tal vez
lo haga temporalmente, tal y como lo hizo con el
patriarca Job, para hacer cumplir Sus propósitos,
después de lo cual, Él los volverá a restaurar. Sin embargo, si tú mueves estas columnas de protección por
ti mismo, a través del descuido espiritual o por medio
del orgullo, esto puede causar que toda la estructura
se colapse—estando tú dentro de ella.

Nuevamente, estas columnas han sido colocadas estratégicamente en ese lugar para sostener la estructura de tu existencia, y para mantenerte cerca de Dios. Él quiere platicar contigo, y quiere morar contigo en los lugares más íntimos de tu existencia. Él usa estos tiempos para impartirte sabiduría divina, antes de mandarte hacia el mundo a encarar los elementos demoníacos que desean menearte como espigas de trigo. (Favor de ver Lucas 22:31–32). Por esto el Salmo 91:1–2 es una de las más grandes revelaciones:

El que habita al abrigo del Altísimo morará a la sombra del Omnipotente. Diré yo al Señor: Refugio mío y fortaleza mía, mi Dios, en quien confío.

En este pasaje, el salmista revela la omnipotencia de Dios. No importa donde estemos o qué tipo de potestades demoníacas vengan en contra de nosotros. Dios siempre está ahí, justo con nosotros, para darnos la victoria. No existe lugar tan oscuro, que la luz de Dios no pueda brillar y revelar Su maravilloso poder de liberación. (Favor de ver Salmo 139:7–12). No tenemos que estar temerosos de los ataques del enemigo, porque no son contendientes suficientes para el poder de Dios que reside en nosotros, a través del Espíritu Santo.

Amados, no creáis a todo espíritu, sino probad los espíritus para ver si son de Dios, porque muchos falsos profetas han salido al mundo. En esto conocéis el Espíritu de Dios: todo espíritu que confiesa que Jesucristo ha venido en carne, es de Dios; y todo espíritu que no confiesa a Jesús, no es de Dios; y este es el espíritu del anticristo, del cual habéis oído que viene, y que ahora ya está en el mundo. Hijos míos, vosotros sois de Dios y los habéis vencido, porque mayor es el que está en vosotros que el que está en el mundo. (1ª Juan 4:1–4)

Debes recordar las palabras consoladoras y llenas de confianza del Rey David:

Aunque pase por el valle de sombra de muerte, no temeré mal alguno, porque tú estás conmigo; tu vara y tu cayado me infunden aliento. (Salmo 23:4)

David no le temía a la muerte, porque él sabía que la muerte no era contrincante suficiente para Dios. Cuando Goliat, su oponente se presentó, aunque la enorme figura de Goliat eclipsó el sol, ni siquiera esto iba a impedir que David le cortara la cabeza. David entendía que todo se mira más grande cuando ves sus sombras. Él era tan valiente que incluso le advirtió a Goliat acerca de su muerte inminente. Debido a que David había pasado tiempo en lo secreto con el Dios Todopoderoso, no iba a ser intimidado por esta demostración pública de intimidación demoníaca. (Favor de ver 1ª Samuel 17).

Debes Saber que Cristo Jesús ya Ha Ganado la Victoria

Porque nuestra lucha no es contra sangre y carne, sino contra principados, contra potestades, contra los poderes de este mundo de tinieblas, contra las huestes espirituales de maldad en las regiones celestes.

(Efesios 6:12)

Hoy en día, la mayoría de las luchas "profesionales" son determinadas de antemano. El que es elegido como favorito determina el desenlace de la pelea. En forma muy similar, las luchas espirituales que sostenemos ya han sido determinadas de antemano por Dios. Ya sea que lo sepas o no, la batalla en que te encuentras actualmente, ha sido "arreglada" ante los ojos de Dios, y tú ya has ganado la pelea, debido a la total victoria de Cristo Jesús sobre el diablo—en tanto tú permanezcas espiritualmente fuerte y dependas en Cristo Jesús. Debemos reconocer que somos los favoritos para ganar, porque le pertenecemos a Aquel que es El Vencedor.

El que practica el pecado es del diablo, porque el diablo ha pecado desde el principio. El Hijo de Dios se manifestó con este propósito: para destruir las obras del diablo. (1ª Juan 3:8)

Por tanto, dice: Cuando ascendió a lo alto, llevó cautiva una hueste de cautivos, y dio dones a los hombres. (Efesios 4:8)

Para poder ser efectivo en la guerra espiritual, debes conocer quien eres tú en Cristo Jesús. Si has nacido de nuevo, tú eres Su hijo, tú le perteneces, y Cristo ya ha ganado la victoria para ti. Cuando tú le perteneces a Dios, aunque parezca que te están golpeando por todos lados y que estás a punto de ser noqueado y de perder, tú siempre puedes saber que ya llevas el cinto de campeón, porque Cristo Jesús ya ha destruido las obras del diablo.

Debes Mantener Comunión con el Padre Celestial

Obtenemos conocimiento para derrotar al diablo, por medio de tener comunión con Dios en el Espíritu. Tener comunión con Dios significa reconocerlo en todos nuestros caminos. Algunas veces, Dios va a permitir que atravesemos por el tipo de dificultades que solo pueden ser vencidas por Su Espíritu, para que aprendamos a depender en Él.

También he encontrado que algunas veces, Dios nos permite ser atrapados en pequeñas tormentas, y experimentar tropiezos y moretones, a fin de protegernos de tormentas mayores, las cuales hubieran tenido el potencial de "matarnos". Más aun, las tormentas en nuestra vida han sido permitidas por Dios durante una temporada en particular, para edificarnos y prepararnos para lo que venga más adelante. El "infierno" por el que estás pasando en este momento, tal vez tenga el propósito de fortalecerte con sabiduría para crisis futuras.

En Hechos capítulo 27, el apóstol Pablo estaba en un barco dirigiéndose hacia Roma, donde debía testificar delante de Cesar. El Espíritu Santo le dijo que se aproximaba una tormenta, y que podría destruir el barco, pero que todos a bordo iban a ser rescatados. De la misma forma, en tu vida, antes de "la tormenta", Dios te prepara, y si te puedes mantener sosteniéndote de Su Palabra, tú podrás pasar a través de ella. Dios te ha llamado y te ha preparado para que, sin importar que tan turbulentos sean los vientos de la vida, tú puedas vivir y madurar, en lugar de ser destruido.

> Si tú has nacido de nuevo, eres un hijo o hija de Dios, y Cristo ya ha ganado la victoria para ti.

Por medio de adorar a nuestro Fiel Padre Celestial en medio de las tormentas de la vida, podemos flotar a través de las adversidades. Él es el Señor de las tormentas, de la misma manera que es el Señor de la Cosecha o de la Mies. (Favor de ver Marcos 4:35–41). Él es la fortaleza de nuestra vida. (Favor de ver Salmo 27:1).

Busca Primero el Reino de Dios

Para evitar ser atrapado en las preocupaciones del mundo, debilitándote espiritualmente, no debes preocuparte de las cosas materiales que tienes o que careces. Quita tus ojos de lo que ves en el medio ambiente físico, y confía en Dios para proveerte, a medida que buscas Su Reino primeramente en tu vida. Jesús dijo,

> *Por tanto, no os preocupéis, diciendo: "¿Qué comeremos?" o "¿qué beberemos?" o "¿con qué nos vestiremos?" Porque los gentiles buscan ansiosamente todas estas cosas; que vuestro Padre celestial sabe que necesitáis todas estas cosas. Pero buscad primero su reino y su justicia, y todas estas cosas os serán añadidas.*
> (Mateo 6:31–33)

A medida que confías en tu Padre Celestial, Su presencia descenderá sobre tu vida y reposará en ti. Si has estado dependiendo en ti mismo o en otros, y no en Dios, tal vez, primero, Él te va a regañar y te va a recordar, "Yo he declarado la existencia del resto de tu vida. Te he dado las órdenes para marchar. Si quieres saber qué hacer, pregúntame a Mí".

Desarrolla un estilo de vida basado en buscar el reino de Dios primero, y todas tus necesidades van a ser suplidas. Activa las palabras de Romanos 4:17 y cree en Dios, Quien *"llama las cosas que no son como si fueran"*. Declara lo que quieres, de acuerdo con Su Palabra, escríbelo, y decláralo para que se convierta en realidad.

Mantén tu Fe en Dios

> *Por lo demás, fortaleceos en el Señor y en el poder de su fuerza.* (Efesios 6:10)

Cuando te encuentras bajo un ataque demoníaco, la gente va a decir que eres un fracasado, o va a decir que no tienes suficiente fe, porque no se dan cuenta por qué estás bajo tal ataque. Pero aún así, tú le perteneces a Dios, y Él sigue dedicado a liberarte y a purificar tu mente. El apóstol Pablo escribió,

> *Y que el mismo Dios de paz os santifique por completo; y que todo vuestro ser, espíritu, alma y cuerpo, sea preservado irreprensible para la venida de nuestro Señor Jesucristo. Fiel es el que os llama, el cual también lo hará.*
>
> (1ª Tesalonicenses 5:23–24)

Todo aquello que puedas ser capaz de realizar y de conquistar, se debe a la fuerza de Dios que habita dentro de ti. No importa cuál sea la crisis, tú puedes saber que, "*Y sabemos que para los que aman a Dios, todas las cosas cooperan para bien, esto es, para los que son llamados conforme a su propósito*" (Romanos 8:28).

Dios es revelado verdaderamente en medio de las crisis. Cuando pasas al otro lado del problema, puedes contemplar todo aquello por lo que has pasado, y preguntar, "¿Cómo es que pude pasar a través de esto?" La fuerza de Dios se perfeccionó durante tus momentos de mayor debilidad. (Favor de ver 2ª Corintios 12:9).

Permite que la Palabra de Dios te Sostenga

Debes estar preparado con la verdad y con el poder

de Dios, para poder permanecer firme en Su justicia, y poder pelear en contra de las potestades satánicas del reino de satanás. Si declaras las Palabras de Dios sobre tu vida, Él se va a dedicar a ver que pases del otro lado de las tormentas de tu vida. Utiliza el poder de confesar la Palabra de Dios, y observa, a medida que Su poder milagroso comienza ser revelado en tu vida. Confiesa lo siguiente:

- "Yo soy la justicia de Dios". (Favor de ver 2ª Corintios 5:21).

- "La Sangre de Jesús cubre mi hogar". (Favor de ver Éxodo 12:13; Hechos 16:31).

- "Ningún arma forjada contra mí prosperará". (Favor de ver Isaías 54:17).

- "Todo lo puedo en Cristo que me fortalece". (Favor de ver Filipenses 4:13).

Después de que acabas de hacer estas confesiones, los demonios pueden tratar de evitar que las bendiciones de Dios y las palabras positivas de fe que acabas de confesar tengan manifestación en tu vida. Aún así, debes continuar *"debes poder estar firme contra las insidias del diablo"* (Efesios 6:11), y debes recordar que Dios ha declarado palabras sobre tu vida que nunca van a fallar.

No solo puedes tener el cielo cuando mueras, pero también puedes experimentar el cielo en la tierra, por medio de permitir que la voluntad de Dios sea hecha en tu vida, de la misma forma que es hecha en el cielo.

(Favor de ver mateo 6:10; Lucas 11:2). Aunque tengas que probar el pan de la adversidad, y beber el agua de la aflicción, Su Palabra divina te va a sostener. Dios dice que te va a mantener arriba. (Favor de ver Isaías 30:20–21). Nunca debes creer que Dios te ha entregado en las manos del diablo.

Pelea la Guerra Espiritual a través del Poder de Dios

Siempre debemos recordar que no hay nada que podamos hacer en nuestras fuerzas humanas, para contraatacar los ataques satánicos en nuestra vida. Solo Dios puede hacer esto. Algunas veces, Dios echa fuera potestades, aún antes de que nosotros podamos reconocer que necesitan ser echadas fuera. En otras ocasiones, Él quiere que nosotros las reconozcamos y las echemos fuera, usando Su poder.

> *Porque las armas de nuestra contienda no son carnales, sino poderosas en Dios para la destrucción de fortalezas; destruyendo especulaciones y todo razonamiento altivo que se levanta contra el conocimiento de Dios, y poniendo todo pensamiento en cautiverio a la obediencia de Cristo.* (2ª Corintios 10:4–5)

La clave para la guerra espiritual en este versículo está en la frase "poderosas en Dios". Por ejemplo, yo nunca aconsejo que nadie eche fuera demonios, si no está seguro de quién es en Cristo Jesús. Si los demonios no reconocen tu autoridad en el ámbito espiritual, y tú tratas de echarlos fuera de alguien, ellos tratarán de destruir, no solo a la persona que están poseyendo, sino también a ti. (Favor de ver, por ejemplo, Hechos 19:13–17). Nunca debes poner la vida de otra persona en peligro, por medio de jugar a ser el héroe, en una situación sobre la cual no tengas control alguno.

Jesús nunca peleo con los demonios. El simplemente dijo una palabra y los echó fuera. (Favor de ver, por ejemplo, Mateo 8:16). Él pudo hacer esto porque caminaba con la autoridad del Padre celestial. Tú no puedes ser intimidado por el horror de las puertas del infierno. Mateo nos recuerda que todo el poder en la tierra y en el cielo le fue dado a Jesús. (Favor de ver Mateo 28:18). Si el Espíritu de Dios habita en ti, entonces, tú tienes el poder a través de Cristo Jesús, para venir en contra de las potestades, los principados, los poderes, y los gobernadores de las tinieblas de este siglo, y para echar fuera a todos estos demonios en el Nombre de Jesús.

En el libro de Judas, leemos que cuando Moisés murió, Dios le dijo al arcángel Miguel, que sepultara al patriarca. Pero el diablo fue en busca del cuerpo de Moisés, aparentemente, para tratar de gobernar a los hijos de Israel. Miguel no desperdició tiempo con una "acusación envilecedora" en contra del diablo, sino que simplemente, le reprendió diciendo, *"¡El Señor te reprenda!"* (Judas v. 9).

Nunca es una buena idea discutir con el diablo. Si lo haces, realmente le vas a permitir que gane la batalla. No puedes derrotarlo con las armas del lenguaje humano, ni por medio del razonamiento. Debemos seguir el ejemplo de Miguel, cuando enfrentemos una batalla espiritual, repren-diendo a satanás en el Nombre de Jesús, para poder derribar toda potestad que el enemigo use, en su intento de mantenernos atados. A medida que maduras en la fe, debes aprender a usar toda la armadura de Dios, para contraatacar los engaños del enemigo. En Efesios 6:11, leemos, *"Revestíos con toda la armadura de Dios para que podáis estar firmes contra las insidias del diablo"*. Entonces, el Señor nos enseña como estar vestidos para la batalla:

> *Por tanto, tomad toda la armadura de Dios, para que podáis resistir en el día malo, y habiéndolo hecho todo, estar firmes. Estad, pues, firmes, ceñida vuestra cintura con la **verdad**, revestidos con la coraza de **la justicia**, y calzados los pies con el **apresto del evangelio de la paz**; en todo, tomando el escudo de **la fe** con el que podréis apagar todos los dardos encendidos del maligno. Tomad también el*

> A medida que maduras en tu fe, el Señor te enseñará cómo usar toda la armadura de Dios.

*yelmo **de la salvación**, y la espada del Espíritu que es la palabra de Dios.*

(Efesios 6:13–17 se añadió énfasis)

La armadura de Dios incluye...

• Verdad
• Justicia
• Preparación o Apresto
• Fe
• Salvación

Tu armadura espiritual te va a proteger, y tu entrenamiento en la guerra espiritual te va a guiar cada vez que combatas los engaños del enemigo.

Debes Depender en la Gracia de Dios

Cuando somos débiles, la gracia de Dios interviene, para darnos las fuerzas que necesitamos para vencer.

Y El me ha dicho: Te basta mi gracia, pues mi poder se perfecciona en la debilidad.

(2ª Corintios 12:9)

Dios conoce muy bien los engaños del enemigo. Él entiende la guerra espiritual en que frecuentemente debemos vernos involucrados, a fin de poder asegurar nuestra posición espiritual. Por lo tanto, a través de toda la Palabra de Dios, Él nos da las instrucciones adecuadas acerca de lo que debemos hacer cuando estamos débiles, y cómo poder reposar en Él para volvernos fuertes.

Dios siempre está escuchando cuando tú hablas. El diablo trata de engañarte haciéndote creer que debido a que has pecado, Dios ya no quiere oír nada de lo que tú quieres decirle. Muchísimas cantidades de gentes han abandonado su servicio para Dios durante años, debido a esta excusa, "Le volveré a servir cuando me componga de esta situación". Si esperas hasta sentirte suficientemente digno para servir a Dios, entonces, tal vez, nunca más lo vuelvas a servir.

Lo que hace a Dios tan espectacular, es que, a pesar de Su soberanía, Él nos recuerda,

> *Porque no tenemos un sumo sacerdote que no pueda compadecerse de nuestras flaquezas, sino uno que ha sido tentado en todo como nosotros, pero sin pecado. Por tanto, acerquémonos con confianza al trono de la gracia para que recibamos misericordia, y hallemos gracia para la ayuda oportuna.*
>
> (Hebreos 4:15–16)

Varias verdades muy importantes son reveladas en estos versículos, las cuales extinguen por completo las mentiras del enemigo con relación a la condenación. Nunca debemos sentir que no hay nada que estemos experimentando que Dios no pueda entender, o que no pueda darnos la solución para ello. Hebreos 4 nos dice lo siguiente:

1. Cristo Jesús fue tentado *"en todo"*, igual que nosotros somos tentados.

2. Aunque Jesús fue tentado, Él permaneció *"sin pecado"*. Por lo tanto, es en Él, que tenemos el poder para conquistar nuestra naturaleza pecaminosa, y todas aquellas cosas que nos han mantenido atados. *"Porque si hemos sido unidos a El en la semejanza de su muerte, ciertamente lo seremos también en la semejanza de su resurrección, sabiendo esto, que nuestro viejo hombre fue crucificado con El, para que nuestro cuerpo de pecado fuera destruido, a fin de que ya no seamos esclavos del pecado; porque el que ha muerto, ha sido libertado del pecado"* (Romanos 6:5–7).

3. Pero si llegamos a pecar, el Señor no corta la comunicación con nosotros. Al contrario, Él nos invita a recibir Su gracia para encontrar *"ayuda en el tiempo de necesidad"*. En primera de Juan 2:1 dice, *"Hijitos míos, os escribo estas cosas para que no pequéis. Y si alguno peca, Abogado tenemos para con el Padre, a Jesucristo el justo"*.

Otra vez, cada vez que sientes la necesidad de apartarte de Dios, debido al pecado, esto quiere decir que has sucumbido ante las mentiras condenatorias del diablo. En el jardín del Edén, la primera cosa que Adán y Eva hicieron, después de haber comido del fruto prohibido, fue esconderse de Dios. (Favor de ver Génesis 3:6–10). Hoy en día, la gente se queda en su casa los días domingos por las mañanas, y rehúsa ir a la iglesia, porque, en realidad, se están escondiendo de Dios. Pero Dios lo conoce todo. Él sabía que Adán y Eva habían estado conversando con el diablo en el jardín del Edén, y Él sabe cuando nosotros "conversamos" con el diablo cuando escuchamos sus mentiras, poniéndonos en el lugar perfecto para ser engañados por él, al seguir sus sugestiones demoníacas.

En lugar de echarnos a un lado cuando caemos, Dios nos restaura a Sí Mismo, por medio de Su gracia de salvación y de Su perdón en Cristo Jesús, cuando nos acercamos a Él. La gracia de Dios no solo nos restaura, sino que también nos impide pecar. A pesar de lo que estés pasando, si corres a Dios, en lugar de correr de Él, la carga del pecado se volverá más ligera, a medida que tomas sobre ti el yugo de Cristo Jesús. Jesús dijo,

> *Venid a mí, todos los que estáis cansados y cargados, y yo os haré descansar. Tomad mi yugo sobre vosotros y aprended de mí, que soy manso y humilde de corazón, y hallaréis descanso para vuestras almas. Porque mi yugo es fácil y mi carga ligera.* (Mateo 11:28–30)

Nunca te obsesiones a tal grado con las cosas que no puedes hacer, que olvides dar gracias por todo lo que Dios ha hecho por ti. Dios está bien consciente del odio que el enemigo te tiene, especialmente cuando decides servir a Dios con todo tu corazón. El odio del diablo no tiene consecuencia alguna, comparado con el amor que Dios tiene por ti. Aquellos que tienen una relación con el Señor, nunca viven su vida basados en el temor, ni en la duda. Ellos entienden que a medida que mantienen su dedicación fiel a Dios, Él va a suplir todo lo que les falta *"de acuerdo a Sus riquezas en gloria, en Cristo Jesús"* (Filipenses 4:19).

Tú Puedes Prevalecer Sobre las Puertas del Infierno

Aunque las puertas del infierno son tan reales, tú no tienes que sucumbir ante ellas. Los ataques del infierno no prevalecen sobre aquellos que conocen a su Dios. Muy frecuentemente, el titubeo que sentimos con relación a avanzar y hacer crecer nuestra relación con Dios, viene de darnos cuenta de la responsabilidad que esto implica—la responsabilidad de vivir para Él, y de contraatacar las obras del diablo por medio de la guerra espiritual. Por consecuencia, nos estancamos inconscientemente en nuestro crecimiento, por medio de alejarnos del Único que posee el poder para liberarnos, de todo aquello que nos ha estado manteniendo cautivos y limitándonos.

El diablo usa la intimidación para impedirte activar el poder que Dios te ha dado. El diablo te dice que no puedes hacer ciertas cosas, siendo que Dios ya ha dicho que todo lo puedes en Cristo Jesús. (Favor de ver Filipenses 4:13). Trata de convencerte que eres débil, y que no eres contrincante para él, ni para sus ataques, siendo que Dios ha dicho, *"Por tanto, someteos a Dios. Resistid, pues, al diablo y huirá de vosotros"* (Santiago 4:7). Usa tácticas de miedo y de menosprecio, para hacerte pensar que te vas a ir al infierno debido a las luchas internas que estás enfrentando, siendo que Dios ha dicho, *"Y El me ha dicho: Te basta mi gracia, pues mi poder se perfecciona en la debilidad. Por tanto, muy gustosamente me gloriaré más bien en mis debilidades, para que el poder de Cristo more en mí"* (2ª Corintios 12:9). El diablo saca muchas gentes de las iglesias, y diluye el potencial de su poder espiritual que es en Cristo Jesús, engañándolos para que crean en otros dioses, siendo que Dios ha dicho, *"Pues no adorarás a ningún otro dios, ya que el Señor, cuyo nombre es Celoso, es Dios celoso"* (Éxodo 34:14).

Debemos estar conscientes de las tácticas e insinuaciones sutiles del diablo, mientras que nos mantenemos firmes en nuestra relación con Dios, y con la verdad de Su Palabra. De esta manera, podemos contraatacar los engaños de Satanás y obtendremos una completa victoria sobre él.

6

Liberación de Nuestra Naturaleza Carnal

Hemos visto que existen las puertas o portales físicos del infierno, y a través de las cuales, los paganos o todos aquellos que no se arrepintieron, son llevados a una eternidad de condenación. Pero aun existen otras "puertas" que pueden conducir a la gente al infierno. Estas son las avenidas del egoísmo, estilo de vida carnal, que lleva a la gente a un estilo de vida de auto destrucción física y espiritual, y a final de cuentas, a un castigo eterno. El diablo usa *"las concupiscencias de nuestra carne"* (que es *"nuestra naturaleza pecaminosa"*) (Efesios 2:3) como los medios de manipulación en contra nuestra, para que su voz se convierta en la voz prevaleciente en nuestra vida, en lugar de la voz de Dios. Tú no puedes escuchar la voz de Dios cuando los apetitos carnales te están controlando.

Las Escrituras señalan muchas de las obras de la carne, teniendo sus orígenes en los deseos pecaminosos:

Ahora bien, las obras de la carne son evidentes, las cuales son: inmoralidad, impureza, sensualidad, idolatría, hechicería, enemistades, pleitos, celos, enojos, rivalidades, disensiones, sectarismos, envidias, borracheras, orgías y cosas semejantes, contra las cuales os advierto, como ya os lo he dicho antes, que los que practican tales cosas no heredarán el reino de Dios. (Gálatas 5:19–21)

La naturaleza carnal controla a aquellos que no conocen a Cristo. También puede ser una trampa para los cristianos. Está en guerra con la nueva naturaleza del Espíritu, que reciben los cristianos por medio de la salvación. Pablo escribió en Romanos,

Porque en el hombre interior me deleito con la ley de Dios, pero veo otra ley en los miembros de mi cuerpo que hace guerra contra la ley de mi mente, y me hace prisionero de la ley del pecado que está en mis miembros. ¡Miserable de mí! ¿Quién me libertará de este cuerpo de muerte? Gracias a Dios, por Jesucristo Señor nuestro. Así que yo mismo, por un lado, con la mente sirvo a la ley de Dios, pero por el otro, con la carne, a la ley del pecado. Por consiguiente, no hay ahora condenación para los que están en Cristo Jesús, los que no andan conforme a la carne, sino conforme al Espíritu. Porque la ley del Espíritu de vida en

Cristo Jesús te ha libertado de la ley del pecado y de la muerte. (Romanos 7:22–8:2)

El remedio para una vida sumergida en la naturaleza de pecado es este: *"Digo, pues: Andad por el Espíritu, y no cumpliréis el deseo de la carne"* (Gálatas 5:16). Si vivimos y andamos en el Espíritu, podemos vencer nuestros deseos pecaminosos, y cerrar esas "puertas abiertas" que llevan a la destrucción, y de esta manera, heredar el reino de Dios.

Porque los que viven conforme a la carne, ponen la mente en las cosas de la carne, pero los que viven conforme al Espíritu, en las cosas del Espíritu. Porque la mente puesta en la carne es muerte, pero la mente puesta en el Espíritu es vida y paz; ya que la mente puesta en la carne es enemiga de Dios, porque no se sujeta a la ley de Dios, pues ni siquiera puede hacerlo, y los que están en la carne no pueden agradar a Dios. Porque si vivís conforme a la carne, habréis de morir; pero si por el Espíritu hacéis morir las obras de la carne, viviréis. Porque todos los que son guiados por el Espíritu de Dios, los tales son hijos de Dios. (Romanos 8:5–8; 13–14)

La naturaleza de pecado quiere satisfacer los deseos de la carne, así que, debemos hacer todo lo que podamos para vencer a nuestra naturaleza de pecado. Jesús dijo, *"Y decía a todos: Si alguno quiere venir en pos de mí, niéguese a sí mismo, tome su cruz cada día y sígame. Porque el que quiera salvar su vida, la perderá, pero el que pierda su vida por causa de mí, ése la salvará"* (Lucas 9:23–24) debemos poner a un lado todo deseo que sea contrario a Dios, y tomar la cruz de Cristo cada día. Debemos morir diariamente a las obras de la carne, a fin de poder reinar con Cristo, por toda la eternidad.

> Debemos hacer a un lado nuestros deseos mundanos, y tomar la cruz de Cristo cada día.

Morir diariamente significa que debemos someternos continuamente a la voluntad de Dios, y permitir que prevalezca en nuestra vida, más que los deseos de nuestra carne. Esto no quiere decir que no vamos a tener luchas y problemas. Solo quiere decir que debido a que Cristo puso todo esto bajo Sus pies, nosotros tenemos el poder, a través de Él, para derrotar cada adversario que intente aniquilarnos—y esto incluye a nuestra naturaleza pecaminosa, y las fuerzas demoníacas que nos incitan a caer. Nuevamente, las puertas del infierno no pueden prevalecer en tu contra, cuando tú conoces quien eres en Cristo Jesús.

LAS TRES TENTACIONES DEL DIABLO

Para poder aprender como vencer la naturaleza carnal, debemos comenzar por ver como es que Jesús venció la tentación.

Entonces Jesús fue llevado por el Espíritu al desierto para ser tentado por el diablo. Y después de haber ayunado cuarenta días y cuarenta noches, entonces tuvo hambre. Y acercándose el tentador, le dijo: Si eres Hijo de Dios, di que estas piedras se conviertan en pan. Pero El respondiendo, dijo: Escrito está: "No sólo de pan vivirá el hombre, sino de toda palabra que sale de la boca de Dios." Entonces el diablo le llevó a la ciudad santa, y le puso sobre el pináculo del templo, y le dijo: Si eres Hijo de Dios, lánzate abajo, pues escrito está: "A sus ángeles te encomendará", y: "En las manos te sostendrán, no sea que tu pie tropiece en piedra." Jesús le dijo: También está escrito: "No tentarás al Señor tu Dios." Otra vez el diablo le llevó a un monte muy alto, y le mostró todos los reinos del mundo y la gloria de ellos, y le dijo: Todo esto te daré, si postrándote me adoras. Entonces Jesús le dijo: ¡Vete, Satanás! Porque escrito está: "Al Señor tu Dios adorarás, y sólo a El servirás." El diablo entonces le dejó; y he aquí, ángeles vinieron y le servían. (Mateo 4:1–11)

El diablo usó tres tentaciones principales en contra de Jesús, y estos son los mismos ingredientes venenosos que él usa hoy, para engañarnos, y arruinar nuestra vida: 1) Los apetitos, 2) El descuido o la autodestrucción, y 3) El materialismo o codicia enfermiza de las cosas materiales. Vamos a ver en forma general estas tres áreas, y vamos a ver como es que funcionan específicamente en nuestra vida.

La Tentación de los Apetitos

El diablo sabía que después de haber ayunado por cuarenta días, Jesús iba a tener hambre. El diablo usó esta oportunidad para jugar con la necesidad física básica de Jesús, tratando de hacer que Jesús dejara de confiar en Su Padre Celestial, y que satisficiera su hambre a la manera del diablo. También trató de controlar a Jesús, por medio de tratar de engañarlo, y que tratara de resolver estos asuntos por Sus propias manos, antes que los ángeles de Dios pudieran venir a ministrarlo.

Nunca quieres tomar consejo del diablo, ni quieres obedecerlo en ninguna cosa, especialmente, después de terminar un ayuno. En ese momento, tu espíritu está abierto en forma muy especial, recibiendo del medio ambiente espiritual, y tú no quieres ser contaminado con las fuerzas malignas, que están buscando su destrucción. En lugar de responder a tus necesidades, de acuerdo a tus apetitos carnales, debes vivir conforme al ejemplo de Jesús de auto-control, y de confianza en Dios. Jesús le dijo a Satanás, *"Escrito está: 'No sólo de pan vivirá el hombre, sino de toda palabra que sale de la boca de Dios'"* (Mateo 4:4).

La Tentación de Descuido o Auto-Destrucción

El siguiente truco que Satanás intentó, fue un

engaño, para hacer que Jesús saltara de un peñasco, diciendo que Dios podría protegerlo. Hoy en día, el diablo sigue usando este tipo de engaños, para tratar de seducirnos, y que nos destruyamos nosotros mismos, ya sea, por medio de motivarnos a vivir de una manera descuidada, o por medio de oprimirnos hasta tal grado, que estemos dispuestos a quitarnos la vida. Jesús nulificó esta tentación, diciéndole al diablo, *"También está escrito: 'No tentarás al Señor tu Dios'"* (Mateo 4:7). No debemos vivir descuidadamente, ni peligrosamente, teniendo la falsa creencia de que Dios nos va a proteger, sin importar lo que hagamos. Más aun, si estamos oprimidos, y somos tentados a estar muy abatidos, o a cometer suicidio, debemos sostenernos de nuestra fe en Dios y de Su amor para nosotros.

> *Bendito sea el Dios y Padre de nuestro Señor Jesucristo, Padre de misericordias y Dios de toda consolación, el cual nos consuela en toda tribulación nuestra, para que nosotros podamos consolar a los que están en cualquier aflicción con el consuelo con que nosotros mismos somos consolados por Dios.*
>
> (2ª Corintios 1:3–4)

La Tentación del Materialismo o Codicia Enfermiza de las Cosas Materiales

Finalmente, el diablo intentó negociar con Jesús, sobre cosas que ya le pertenecían a Jesús, a través de Su Padre Celestial. El diablo dijo, de hecho, "te voy a dar todo el mundo con una sola condición: arrodíllate y adórame". Jesús le dijo muy claramente al diablo que esto no era negociable, y que Él no estaba dispuesto a aceptar nada de esto: *"¡Vete, Satanás! Porque escrito está: 'Al Señor tu Dios adorarás, y sólo a El servirás'"* (Mateo 4:10). Siempre que te ofrecen poder, influencia o riquezas, a cambio por tu alma, debes darte cuenta que es un precio muy alto, y de inmediato, salte de ahí y vete.

También debemos recordar, que, cuando hacemos decisiones y elecciones con relación a nuestro comportamiento, todo lo que hacemos hoy, tiene el potencial de afectar a alguien más, por el resto de su vida. Si le estás hablando a alguien acerca del amor de Dios, no quieres que esta persona vea, que estas viviendo un estilo de vida pecaminoso. Muy a menudo, la única imagen de Dios que un individuo es capaz de ver, es aquella que tú reflejas a través de tus acciones. No es solo por tu propio bien, sino por el bien de otros, que debes mantenerte en una relación muy fuerte con Dios, y debes resistir los deseos de la naturaleza pecaminosa.

TRAMPAS DE LA NATURALEZA PECAMINOSA

Las tentaciones de satisfacer los deseos de los apetitos, viviendo descuidadamente, y teniendo éxito mundanamente, al costo de la vida eterna con Dios, pueden ser vistas en muchas de las trampas y comportamientos destructivos en que la gente ha caído en estos días. Entre estas trampas se encuentran la sensualidad, el materialismo, el orgullo, y la búsqueda de un escape y alivio, a través de complacencias mundanas. ¿Por qué es que la gente se enreda en la naturaleza pecaminosa? Vamos a ver varias "puertas o portales" al infierno, acerca de los cuales debemos estar muy cuidadosos.

> Si le estás hablando a alguien acerca del amor de Dios, no quieres que esta persona vea, que estas viviendo un estilo de vida pecaminoso.

La Puerta de la Sensualidad

Una puerta hacia el infierno que jala gente fuera de sus principios morales, es la seducción de la sensualidad. Nuestros sentidos son una de las áreas mas vulnerables de nuestra vida, y por lo tanto, el diablo se entromete en ella, y trata de seducirnos hacia todo tipo de comportamientos paganos. El diablo conoce los botones que tiene que oprimir en nosotros para causar la reacción que desea. En mis visiones del infierno, pude ver a los demonios riéndose de aquellos que habían caído en su seducción. Ello se ríen porque saben que el infierno los está esperando, y es un lugar ansiedad; no hay amor alguno, ni gozo, ni paz o compasión alguna—solo tormento.

Con la revolución sexual de los años 60s, la

puerta hacia la degradación sexual fue revelada muy claramente, aunque ha estado en existencia desde el comienzo de la historia. En la Biblia, podemos ver ejemplos de inmoralidad sexual en las gentes de Sodoma y Gomorra, cuyas pasiones fuera de control les costó su existencia, y en Amnon, el hijo de David, quien violó a su propia hermana. (Favor de ver Génesis 18:20–19:26; 2ª Samuel 13:1–19). Hoy en día, la inmoralidad sexual ha aumentado hasta convertirse en un estilo de vida en nuestra cultura, en lugar de ser reconocida como una fuerza opositora a la que debemos de resistir.

El engaño de Satanás es como un cáncer que comienza su infestación en los individuos, y luego se extiende para aniquilar comunidades enteras. Judas, refiriéndose a Sodoma y Gomorra escribió lo siguiente,

> *Así también Sodoma y Gomorra y las ciudades circunvecinas, a semejanza de aquéllos, puesto que ellas se corrompieron y siguieron carne extraña, son exhibidas como ejemplo al sufrir el castigo del fuego eterno.* (Judas v. 7)

La gente de estas ciudades se entregaron completamente a satisfacer sus deseos. A medida que satanás andaba rondando y buscando a quien destruir, ellos fueron el blanco perfecto. Le mostraron ninguna resistencia, y no le dieron razón alguna para huir. Ellos fueron la tierra fértil y preparada para la contienda, los actos más viles, y el desenfreno total—atributos que él usó para su propio beneficio, hasta que, a final de cuentas, todos fueron destruidos por su propia insolencia.

> El diablo usa todos los medios necesarios para distraer a los creyentes, y que no hagan la obra del Señor.

El diablo va a usar cualquier medio que sea necesario para atrapar a los paganos, y para distraer a los creyentes, y que no hagan la obra del señor. Siempre presenta aquello que es atractivo a la vista, cosas que halagan los oídos, y nos seduce para que busquemos la satisfacción de la carne, con todo aquello que Dios nos ha prohibido tocar.

¿Qué es lo que sucedió después de que la serpiente engañó a Eva en el jardín del Edén, a través de sus sentidos y de su orgullo? *"Cuando la mujer vio que el árbol **era bueno para comer**, y que **era agradable a los ojos**, y que el árbol **era deseable para alcanzar sabiduría**, tomó de su fruto y comió; y dio también a su marido que estaba con ella, y él comió"* (Génesis 3:6 se añadió énfasis). El diablo jugó con sus sentidos, para hacerla someterse a los apetitos de su alma y de su cuerpo, con algo que Dios ya había prohibido. El diablo sabe que si puede hacer que veas a través de sus ojos, distrayéndote el tiempo suficiente, eventualmente te va a seducir, para que participes de aquello

que Dios ya te había advertido que debías rechazar.
Considera el siguiente relato del Obispo Bloomer:

> Hace algún tiempo, mientras que estaba predicando en un lugar lejano, de repente fui confrontado con una tentación muy diferente. Yo nunca he tenido la costumbre de ver pornografía, ni siquiera antes de haber conocido a Dios y haber aceptado a Jesús como mi Salvador y Señor personal. Sin embargo, durante uno de mis conferencias, estaba yo en mi habitación en el hotel, cambiando los canales de la televisión, cuando escuche una voz en mi interior que me sugirió ver una "película". Oprimí el botón del menú, y comencé seleccionando las opciones del menú. Fue como si yo había sido tomado por alguna fuerza extraña; al mismo tiempo, me sentí avergonzado, así que cerré las cortinas y puse el cerrojo en la puerta. No había nadie más conmigo en esa habitación, pero yo sentía en mi corazón que todo esto estaba mal. Para asegurar que lo que iba a hacer quedaría "en mi secreto", llamé a la habitación de mis acompañantes para asegurarme que no regresarían a mi habitación. Para entonces, la puerta estaba ya bien abierta. Me encontraba a unos momentos de entrar al mundo de la pornografía, y no tenía idea alguna de qué me estaba jalando para allá. El menú

de los canales me dio cerca de treinta títulos pornográficos diferentes de donde poder escoger.: *Esposas Traviesas, Chicas que Solo quieren Divertirse, Amantes Lesbianas, Dos Hombres y una Mujer*, ninguno de estos títulos me interesó. Justo cuando estaba a punto de apagarlo, vi—Chocolate Sexual—y pensé, *a mí me gusta el chocolate*. Comenzó el anuncio del pre-estreno...$39.99. Cuando vi este precio, la puerta se cerró de inmediato. Tal vez porque no me gusta desperdiciar el dinero, pero no pude verme pagando cuarenta dólares por algo como esto.

A medida que comencé a salir de esta niebla, decidí encontrar qué otras cosas habían estado sucediendo en el hotel. Llamé al escritorio de información y pregunté, "Qué clase de convenciones han tenido ustedes en este hotel recientemente?" El empleado de información me respondió, "Ayer fue el último día de la Convención de los Homosexuales". ¡Finalmente me cayó la moneda! El residuo todavía había quedado en esa habitación. Si yo no hubiera sido una persona disciplinada para el manejo de mi dinero, ciertamente habría abierto la puerta a una serie de dificultades, por medio de oprimir ese botón en el menú de canales, entrando al mundo destructivo de la pornografía.

Dios sabe como llamar nuestra atención lo suficiente, para mostrarnos la salida de escape. Las maldiciones no vienen si no existe una causa para ello. Existe una razón para cada cosa que atravesamos. No siempre es nuestra culpa que ciertas maldiciones existan. Algunas veces es una enfermedad generacional a la que se le ha permitido estar ahí por años, sin que haya nadie que tome autoridad sobre ella y haga cesar su existencia. Aún así, definitivamente hay algo que podemos hacer para destruirlas, y para impedir que tomen control de nuestra vida. (Favor de ver, por ejemplo, Salmo 50:15; Santiago 4:7).

La sensualidad puede crear un falso sentido de la realidad. Por ejemplo, dos personas del mismo sexo que deciden vivir juntas en una relación íntima, deben regresar al plan original de Dios, a fin de que puedan tener hijos. El huevo de la mujer debe ser fertilizado usando el esperma de un hombre a fin de poder llenar al tierra con hijos. Desafortunadamente, muchas gentes tienden a usar los planes de Dios solo cuando les conviene. Y después, ellos siguen con su propia manera de hacer las cosas, aún cuando va en contra de los mandamientos de Dios, pervirtiendo la verdad de Dios. Leemos en Romanos,

Pues aunque conocían a Dios, no le honraron como a Dios ni le dieron gracias, sino que se hicieron vanos en sus razonamientos y su

necio corazón fue entenebrecido.

(Romanos 1:21)

Cuando el corazón se entenebrece, se envuelve en su propia verdad, sin importar a quien dañe o a quien lastime en su camino.

Profesando ser sabios, se volvieron necios, y cambiaron la gloria del Dios incorruptible por una imagen en forma de hombre corruptible, de aves, de cuadrúpedos y de reptiles.

(Romanos 1:22–23)

Cuando comienzas a crear tu propia verdad, en realidad, has creado tus propios ídolos. Ya no dependes en Dios para tu provisión, pero has creado ilusiones prefabricadas para satisfacer tu necesidad.

Por consiguiente, Dios los entregó a la impureza en la lujuria de sus corazones, de modo que deshonraron entre sí sus propios cuerpos. (Romanos 1:24)

Dios creó los sentidos, y cuando son usados de la manera correcta, son dones maravillosos que nos permiten disfrutar el mundo que Dios ha creado, y nos permiten ejercer dominio sobre este mundo. Pero debemos estar alerta en contra de los deseos y trampas sensuales. La tentación es real, y es un truco del enemigo. Cuando tú te sientas tentado a involucrarte en actos paganos e inmorales, tómate un tiempo para clamar y pedir fuerzas a Dios, para que puedas vencerlo.

Tal vez necesites pedirle a un creyente mas fuerte que se ponga de acuerdo contigo en oración, para luchar en contra de esa tentación. Reprende al diablo, en el Nombre de Jesús, declara la sangre de Cristo Jesús sobre tu vida, busca a Dios diligentemente, y llena el medio ambiente de tu vida con el espíritu de la alabanza.

La Puerta del Materialismo

Otra puerta al infierno es el materialismo. Mientras que los bienes materiales en sí mismos no son malos, hacer un énfasis exagerado en ellos puede ser espiritualmente mortal:

> *Porque nada hemos traído al mundo, así que nada podemos sacar de él. Y si tenemos qué comer y con qué cubrirnos, con eso estaremos contentos. Pero los que quieren enriquecerse caen en tentación y lazo y en muchos deseos necios y dañosos que hunden a los hombres en la ruina y en la perdición. Porque la raíz de todos los males es el amor al dinero, por el cual, codiciándolo algunos, se extraviaron de la fe y se torturaron con muchos dolores. Pero tú, oh hombre de Dios, huye de estas cosas, y sigue la justicia, la piedad, la fe, el amor, la perseverancia y la amabilidad. Pelea la buena batalla de la fe; echa mano de la vida eterna a la cual fuiste llamado, y de la que hiciste buena profesión en presencia de muchos testigos.* (1ª Timoteo 6:7–12)

Dios muy frecuentemente provee nuestras necesidades materiales, y el dominio que tenemos sobre el mundo, incluye la administración de los recursos físicos. Existen actividades practicas de cada día, así como la búsqueda de las cosas materiales, que debemos hacer para sostener a nuestras familias y mantener nuestro hogar.

> ## Dios es el dador de todas las cosas, y nosotros debemos buscar Su guía en todo lo que hagamos.

Tratamos con el mundo material, para poder realizar algunos de nuestros sueños y aspiraciones, lo cual incluye trabajos, carreras, negocios, y cosas como estas. Dios quiere que disfrutemos los dones que Él nos da, y podemos ser bendecidos materialmente. Pero Satanás quiere quitarnos el dominio que Dios nos ha dado, por medio de engañarnos con el materialismo y con otro tipo de concupiscencias. Por lo tanto, nunca debemos perder de vista el hecho que Dios es el Dador de todas las cosas buenas, y debemos seguir Su guía en todo lo que hagamos.

> *Y todo lo que hacéis, de palabra o de hecho, hacedlo todo en el nombre del Señor Jesús, dando gracias por medio de El a Dios el Padre.* (Colosenses 3:17)

> *Amados hermanos míos, no os engañéis.*

> *Toda buena dádiva y todo don perfecto viene*
> *de lo alto, desciende del Padre de las luces,*
> *con el cual no hay cambio ni sombra de va-*
> *riación. En el ejercicio de su voluntad, El nos*
> *hizo nacer por la palabra de verdad, para que*
> *fuéramos las primicias de sus criaturas.*
>
> (Santiago 1:16–18)

Desafortunadamente, frecuentemente trabajamos sin descanso, para obtener nuestros deseos, y entones le pedimos a Dios que los bendiga, en lugar de primero consultar con Él. Tu prioridad número uno, a medida que buscas cumplir tus metas y aspiraciones, bajo la guía de Dios, debería ser inspirar a otros, por medio de tus acciones, y que ellos puedan ver claramente, al Espíritu de Dios resonando de tu carácter.

Más aun, aunque nos hagamos ricos y tengamos muchas ganancias, de todas formas, seguimos necesitando la sabiduría de Dios y Su guía, para obtener todas las cosas que Él ya ha suplido para nosotros de acuerdo a Su buena voluntad.

> *Y mi Dios proveerá a todas vuestras necesi-*
> *dades, conforme a sus riquezas en gloria en*
> *Cristo Jesús.* (Filipenses 4:19)

El libro de Lucas nos muestra una parábola muy detallada, que tiene que ver con el destino de cierto hombre rico, que estaba más concentrado en sus riquezas, que en obedecer la Palabra de Dios.

> *Había cierto hombre rico que se vestía de púr-*
> *pura y lino fino, celebrando cada día fiestas*
> *con esplendidez. Y un pobre llamado Lázaro*
> *yacía a su puerta cubierto de llagas.*
>
> (Lucas 16:19–20)

Nuevamente, no puedes juzgar la verdadera naturaleza del nivel espiritual de una persona, ni su autoridad espiritual, basado en su apariencia externa.

> *Ansiando saciarse de las migajas que caían*
> *de la mesa del rico; además, hasta los perros*
> *venían y le lamían las llagas. Y sucedió que*
> *murió el pobre y fue llevado por los ángeles*
> *al seno de Abraham; y murió también el rico*
> *y fue sepultado. En el Hades alzó sus ojos,*
> *estando en tormentos, y vio a Abraham a lo*
> *lejos, y a Lázaro en su seno.* (Lucas 16:21–23)

Desafortunadamente, muchas gentes en la tierra se encuentran consumidas por la seducción de
las cosas materiales. Y no es sino hasta que llegan al
infierno, que despiertan para ver el verdadero pano-
rama de su engaño espiritual.

> *Y gritando, dijo: "Padre Abraham, ten miseri-*
> *cordia de mí, y envía a Lázaro para que moje*
> *la punta de su dedo en agua y refresque mi*
> *lengua, pues estoy en agonía en esta llama."*
> *Pero Abraham le dijo: "Hijo, recuerda que du-*
> *rante tu vida recibiste tus bienes, y Lázaro,*

igualmente, males; pero ahora él es consolado aquí, y tú estás en agonía." (Lucas 16:24–25)

Cuando el hombre rico se dio cuenta que no había salida, le rogó a Abraham que enviara a Lázaro de regreso a la tierra, para advertir a sus hermanos, para que buscaran la Palabra del Señor, y que no acabaran con el mismo destino. Abraham le recordó al hombre rico que si sus hermanos no escuchaban las enseñanzas de Moisés y los profetas de Dios, tampoco escucharían a alguien que se levantara de entre los muertos. (Favor de ver los versículos 27–31).

> **Nunca pienses que todo lo tienes en la vida, y que no necesitas de Dios.**

Dios ha enviado gente por toda la tierra, para esparcir el Evangelio y las buenas nuevas de Cristo Jesús. Depende de aquellos que oyen la Palabra, tomarla, a medida que Dios habla, a través de aquellos que Él ha colocado estratégicamente en sus caminos.

¡Nunca debemos obsesionarnos tanto con las cosas materiales, que entreguemos nuestra alma eterna a cambio de ellas! *"Pues, ¿de qué le sirve a un hombre ganar el mundo entero y perder su alma?"* (Marcos 8:36). Nunca pienses que lo tienes todo en la vida y que no necesitas de Dios. Como vimos en el capítulo anterior, debemos buscar primeramente a Dios, y todo lo demás que necesitas, te será añadido. *"Pero buscad primero su reino y su justicia, y todas estas cosas os serán añadidas"* (Mateo 6:33).

Puedes llegar a consumirte tanto con los bienes de este mundo, al punto de no querer oír lo que Dios tiene que decirte acerca del mundo y de sus falsas pretensiones. Es muy peligroso abrazar esta forma de pensar. El truco del diablo es hacer que tu mente esté tan involucrada e inundada con la búsqueda de riquezas y del materialismo, que el miedo de no poseer esas cosas, tome prioridad, por encima de tu búsqueda del Reino de Dios. El hombre rico en la parábola de Lucas 16, se había intoxicado tanto con la mentalidad de asegurar sus riquezas, que no tenía tiempo alguno para dedicárselo a Dios. Para el momento en que se dio cuenta de su error, ya era demasiado tarde.

Las cosas materiales no significan nada si no tienes a Dios en tu vida. Estoy seguro que el hombre rico, muy gustosamente, habría cambiado todas sus riquezas, a cambio de una sola oportunidad más para arrepentirse, servir a Dios y ayudar a los pobres. Esto no quiere decir que Dios quiere que vivamos una vida de pobreza, pero que Lo reconozcamos en todos nuestros caminos. Aún si somos muy prósperos, no debemos darle nuestra espalda a Dios, rehusando oír lo que Él quiere decirnos. Al contrario, debemos reflejar Su naturaleza generosa y abundante. Cuando tú recibes a Jesús como el Señor de tu vida, y obedeces Sus mandamientos, vas a prosperar en una manera, que va a hacer que Dios te recuerde tanto en tu vida, como en la muerte.

No tienes que ser rico para ser atrapado en el materialismo, dependiendo en los recursos del mundo, en lugar de depender de la provisión de Dios. Si no tienes fe para creer que Dios te puede proveer, puedes caer en la trampa del diablo. Leemos en Números 13, que Dios ya había prometido a los hijos de Israel la tierra de Canaan, antes de que le ordenara a Moisés que enviara los espías a reconocer las tierras. Cuando los espías regresaron con su reporte, la gente, en lugar de gozarse por la abundancia de la Tierra Prometida, la mayoría de ellos tuvieron una reacción negativa, y como resultado, plantaron temor y duda en la mente de los israelitas.

Es vital confiar en la provisión de Dios, y en Sus caminos. No tienes que vivir en miserias y en conflictos, buscando las cosas de este mundo, siendo que Dios ya te ha prometido, que si confías en Su provisión, tendrás todo lo que necesitas. Aplica tu fe, y simplemente, recibe.

> *Traed todo el diezmo al alfolí, para que haya alimento en mi casa; y ponedme ahora a prueba en esto- dice el Señor de los ejércitos- si no os abriré las ventanas del cielo, y derramaré para vosotros bendición hasta que sobreabunde.* (Malaquías 3:10)

> *Por tanto, no os preocupéis, diciendo: "¿Qué*

comeremos?" o "¿qué beberemos?" o "¿con qué nos vestiremos?" Porque los gentiles buscan ansiosamente todas estas cosas; que vuestro Padre celestial sabe que necesitáis todas estas cosas. Pero buscad primero su reino y su justicia, y todas estas cosas os serán añadidas.

(Mateo 6:31–33)

Todos los espías, excepto Josué y Caleb dijeron lo siguiente:

Fuimos a la tierra adonde nos enviaste; ciertamente mana leche y miel, y este es el fruto de ella. Sólo que es fuerte el pueblo que habita en la tierra, y las ciudades, fortificadas y muy grandes; y además vimos allí a los descendientes de Anac. (Números 13:27–28)

Cuando Dios te hace una promesa, nunca usa la palabra sin embargo o solo que, para resumir Sus bendiciones. Los espías se atemorizaron con el solo hecho de pensar en las grandes ciudades amuralladas, y la fuerza de sus habitantes: "*Sólo que es fuerte el pueblo que habita en la tierra, y las ciudades, fortificadas y muy grandes; y además vimos allí a los descendientes de Anac*" (v. 28). Se olvidaron completamente del hecho que Dios ya les había dado esas tierras. Lo único que necesitaban hacer, era seguir las instrucciones del Señor, y caminar hacia lo que Él ya les había prometido que era suyo. Al contrario, ellos sintieron que tenían que confiar en sus propios recursos, que no eran suficientes.

Tienes que ser capaz de distinguir entre la voz de Dios, y las mentiras y engaños del diablo. Oír como Dios oye y ver como Él ve. Cuando Dios dice que la vida eterna te pertenece, créele. De la misma manera, cuando Él dice que te ha dado dominio sobre la tierra, y que Él suplirá todas tus necesidades, debes creerle e Él, y no debes permitir que las voces contrarias del reino de satanás, te persuadan a estar lleno de dudas y de incredulidad.

La Puerta del Orgullo y de la Auto-Suficiencia

Una tercera puerta es la del orgullo intelectual y de la auto-suficiencia religiosa. Tal y como discutimos anteriormente, mucha gente hoy en día está comprando todo tipo de falsas ideologías y filosofías. Estas sutiles doctrinas demoníacas nos enseñan a vivir sin Dios, y a mirar a nosotros mismos como el único recurso para todas nuestras necesidades. El orgullo de Satanás y su deseo de levantarse por encima de Aquel que lo había creado, a fin de vivir para sí mismo solamente, y de acuerdo a sus propios estándares, le causaron caer de la gloria. El diablo nos quiere engañar para que caigamos en el mismo tipo de tentaciones, tal y como lo hizo con Adán y Eva.

El diablo ha estado sobre la tierra por muchos años, promoviendo su producto llamado "Fabrica tu Propia Verdad" o "No Existen Verdades Absolutas". Esta doctrina dice, "Rechaza la vida que Dios ha diseñado para ti, y al contrario, fabrica tu propio cosmos".

Mientras más aceptemos esta doctrina, más nos vamos a sepultar en los engaños que llevan al paganismo, la inmoralidad y a mayores falsedades. El diablo siempre salpica suficiente verdad en su veneno, para hacer que te la comas todita. Dice lo que tú precisamente quieres oír, y que te hace sentir bien, por el momento. Pero bien escondido debajo de la superficie, existe un fundamento tan inestable, y que solo está esperando sucumbir bajo la mentira, sepultándote juntamente con ella.

Un relato muy claro de los engaños de Satanás se encuentra en el libro de Judas:

> *Y a los ángeles que no conservaron su señorío original, sino que abandonaron su morada legítima, los ha guardado en prisiones eternas, bajo tinieblas para el juicio del gran día.*
>
> (Judas v. 6)

Estos ángeles tenían todo lo que necesitaban en su "primer estado o condición"—hasta que satanás vino y los engañó. Su estado original consistía de la presencia de Dios, las obras maravillosas de Dios y todo el ingenio creador de Dios. Era un estado que les había sido dado por el Rey Mismo—mucho más valioso que la plata o el oro. Lo peor fue que ellos dejaron esta habitación, a cambio del engaño y de la muerte.

¿Cómo fueron engañados tan fácilmente, por los engaños de satanás? Ellos simplemente se tomaron el tiempo para escuchar lo que el diablo tenía que decir.

En forma voluntaria, permitieron que las mentiras de satanás entraran por las puertas de sus oídos, y hacia su voluntad. Y por lo tanto, sucumbieron con el mismo destino del diablo—se dieron a la bancarrota en las cosas de Dios, expulsados de la habitación de Dios, y bajo Su condenación. En la lista de prioridades del diablo está el esparcir su doctrina pagana, para que todos caigamos presa del mismo destino, que él y los ángeles caídos ya tienen.

Un pasaje de Isaías 14 nos permite ver como es que satanás presumió de su rebeldía y de su enfermizo propósito y prioridad:

> *Pero tú dijiste en tu corazón: "Subiré al cielo, por encima de las estrellas de Dios levantaré mi trono, y me sentaré en el monte de la asamblea, en el extremo norte. Subiré sobre las alturas de las nubes, me haré semejante al Altísimo." Sin embargo, has sido derribado al Seol, a lo más remoto del abismo.*
>
> (Isaías 14:13–15)

En lugar de cumplir con la meta imposible e inimaginable de convertirse en el Altísimo, satanás fue derrotado por Dios. Fue convertido en una desgracia pública y fue lanzado hacia abajo, al infierno.

Nunca le permitas entrar al diablo en las puertas de tus oídos; ni le permitas que te aparte del lugar en el que Dios ha establecido tu existencia. Tu herencia es un patrimonio del Padre Celestial, lleno con todo aquello que vas a necesitar en la vida: "*Y mi Dios pro-veerá a todas vuestras necesidades, conforme a sus riquezas en gloria en Cristo Jesús*" (Filipenses 4:19). No hay necesidad de ir buscando por todos lados. Todo lo que necesitas, ya ha sido suplido para ti en Cristo Jesús. Nunca debes permitirle que nada de lo que oigas, te aparte de la verdad de Dios.

Si te suscribes a la falsa doctrina de "Crear tu propia verdad", que está circulando actualmente en el mundo, entonces, esto se va a convertir en un lugar muy peligrosos para tu existencia. La verdad solo puede ser descubierta por medio de buscar en la Palabra de Dios, aprendiendo Sus caminos y Su voluntad para tu vida.

Pablo escribió a los Gálatas lo siguiente:

Que en realidad no es otro evangelio, sólo que hay algunos que os perturban y quieren pervertir el evangelio de Cristo. Pero si aun nosotros, o un ángel del cielo, os anunciara otro evangelio contrario al que os hemos anunciado, sea anatema. (Gálatas 1:7–8)

Nuestra salvación eterna depende de que conozcamos y sigamos el verdadero Evangelio de Cristo Jesús. Debemos ser muy claros con relación a quién creemos y qué es lo que creemos.

El Evangelio de Cristo Jesús, no le da cosquillas a los oídos de la gente; ha sido dado para revelar la verdad de Dios. "*Conoceréis la verdad, y la verdad os hará libres"* (Juan 8:32). La verdad te hace libre, por medio de exponer las mentiras de satanás. No existe verdad alguna en el diablo (favor de ver el versículo 44), y a él le gusta crear una imagen falsa de la verdad en tu mente, para que pases el resto de tu vida, tratando de cumplirla inútilmente. Pero las puertas del infierno no prevalecen en contra de los principios de la Palabra de Dios. Busca los caminos de Dios, y aprende Su Palabra, a fin de poder descubrir y poner estos principios en práctica. Tenemos una promesa muy firme de parte de Cristo Jesús, con relación a que si nos mantenemos firmes en el fundamento que Él ha puesto para que sigamos, el enemigo no tendrá la victoria sobre nosotros.

La Puerta de los Deleites Paganos

Otra puerta del infierno es buscar el escape a través de los deleites paganos. Hemos visto que cuando estamos en medio de tiempos de pruebas, el enemigo usa muy frecuentemente nuestras propias debilidades en contra de nosotros mismos. En lugar de voltear a Dios en estos tiempos, podemos ser tentados a buscar ayuda en cosas tales como relaciones enfermizas y abuso de sustancias. Algunas veces, buscamos este tipo de cosas como medios de auto-medicación, siendo que el problema solo puede ser resuelto por medio de intervención divina y un cambio en el estilo de vida.

El peligro del alcohol y de las drogas, es que son sustancias que alteran la vida. Beber en exceso, por ejemplo, nubla la mente de las gentes, y les puede causar que tomen malas decisiones o que revelen secretos que debían haber permanecido confidenciales. Debido a que su efecto es incapacitar el juicio y los sentidos, nulifica todo tipo de control personal, exponiendo a sus victimas al peligro y a una mayor humillación, debido a la falta de consciencia. Ha habido incontable número de relatos de individuos que comprometieron sus principios, y fueron seducidos a la inmoralidad sexual, mientras que se encontraban bajo los efectos del alcohol.

La influencia del alcohol no tiene consideración del bienestar de los seres amados, amigos u otro tipo de victimas inocentes. Una vez activados sus efectos en la persona que está bebiendo, puede afectar la vida de cualquiera que esté asociado con esa persona.

¿Cómo puede ser que tanta gente no sea capaz de ver el peligro de esta puerta debilitadora y alteradora de mentes, como lo es el alcohol? Las estadísticas que tienen que ver con los efectos devastadores del alcohol en la humanidad son alarmantes, pero el abuso del alcohol aun no está considerado como una seria amenaza para la sociedad. Por favor considera la siguiente información aplicable en los Estados Unidos de América:

• El abuso del alcohol desperdicia un estimado de $184.6 billones de dólares por año en cuidados de salud, negocios y gastos del sistema criminal.

- El abuso del alcohol causa 75,000 muertes cada año.

- En 1997, el 40% de delincuentes culpables de delitos sexuales y violaciones, dicen haber estado bebiendo en el momento del crimen.

- En 2002, más de 70,000 estudiantes entre las edades de 18 a 24 años fueron victimas de violaciones o delitos sexuales derivados del alcohol.

- El alcohol influyó en un 28% de suicidios en niños cuyas edades van de los 9 a los 15 años de edad.

- Aproximadamente 480,000 niños son mal tratados cada año por uno de sus padres que tiene problemas de alcoholismo.[1]

Al diablo le gusta mantener tu mente incapacitada, en lugar de que esté sobria y alerta, preparada para sus ataques (favor de ver Tito 2:11–13), y el alcohol es uno de sus "portales" para traer infelicidad a la tierra. Desafortunadamente, aun en la iglesia, la gente usa ciertas Escrituras para tratar de justificar el uso y el consumo excesivo de alcohol, tales como, *"Ya no bebas agua sola, sino usa un poco de vino por causa de tu estómago y de tus frecuentes enfermedades"* (1ª Timoteo 5:23). Aun cualquier cosa hecha para solo divertirse, que tiene el potencial de

> El peligro del abuso de sustancias, es que la gente puede perder su relación con Dios.

alterar el comportamiento de una persona, y que le cause perder el control de sus sentidos, debería ser algo que se debe considerar para ejercitar disciplina sobre sí mismo.

El verdadero peligro de complacerse con el abuso de sustancias, es que la gente puede perder su relación con el Dios Viviente. Existen cristianos caídos en el infierno, que una vez sirvieron al Señor, pero después regresaron a su viejo estilo de vida. Yo conozco mucha gente, por ejemplo, que tuvieron un serio problema con el alcohol. Fueron salvos y liberados por un tiempo, pero llegó el día cuando el tentador los sedujo a salir con sus amigos para ir a tomar. En ese momento de seducción, cuando fueron atraídos a la tentación, muchos de ellos cayeron en accidentes. Acabaron por ser arrestados, perder sus trabajos, o aún siendo enviados a prisión. En tales situaciones, la gentes es tentada para que sientan que son un fracaso, y que dejen por completo su fe. Mientras tanto, el diablo se sienta cómodamente y se ríe, porque él sabe que su misión con esas gentes se ha cumplido.

Existe un espíritu mentiroso por toda la tierra, diciéndote que no puedes vencer las ataduras como el abuso de sustancias. El espíritu religioso te dice que una vez que has cometido una ofensa, estás condenado a la perdición. Esto no es cierto. Tú puedes vencer, y Dios todavía está alcanzando para tomarte. El Hombre llamado Jesús, que derramó Su Sangre por ti, tiene más poder para liberarte de la bebida, del adulterio, fornicación, las mentiras, y todo tipo de pecados de tu carne, más de lo que tú te puedes imaginar. *"Por lo cual El también es poderoso para salvar para siempre a los que por medio de El se acercan a Dios, puesto que vive perpetuamente para interceder por ellos"* (Hebreos 7:25).

No importa que es lo que atravesamos en la vida, podemos ser salvos a través de Cristo Jesús. Él no vino para condenarte—algo que tan elocuentemente confirma en Juan 3:17: *"Porque Dios no envió a su Hijo al mundo para juzgar al mundo, sino para que el mundo sea salvo por El"*. Él no vino para destruirte; Él vino para darte vida, y vida en abundancia. (Favor de ver Juan 10:10). Esta es la verdad de la Palabra de Dios. El Hijo de Dios no vino a este mundo para señalar nuestras faltas, ni para condenarnos. Él vino para revelar que la vida eterna se encuentra disponible para todo aquel que la quiera recibir, para todos los que se arrepientan y reciban a Cristo Jesús como su Salvador personal y Señor de su vida.

Debemos reconocer que cuando enfrentamos la adversidad, el diablo nos va a tentar para que busquemos recursos y medios paganos, para suplir nuestras necesidades. En lugar de inclinar nuestros oídos a Dios en busca de Su entendimiento y sabiduría, muy frecuentemente estamos dispuestos a escuchar el consejo de aquellos que no tienen ninguna revelación divina acerca de nuestra vida o de nuestras circunstancias. Debemos dejar de enfocarnos en lo que ven nuestros ojos naturales, para permitirle al Espíritu de Dios que revele lo que verdaderamente está sucediendo, detrás del escenario espiritualmente.

Dios contraataca todo aquello que vemos en lo natural, con las reconfortantes palabras de 2ª Corintios 5:7: *"Porque por fe andamos, no por vista"*. Muy a menudo, es la complejidad de nuestra vida, la falta de entendimiento acerca de ello, lo que nos mete en problemas. Nuestra confusión puede ser desenredada en un instante, si la reemplazamos con la voz y sabiduría de Dios. Él promete darnos entendimiento.

> *Estad quietos y conoced que Yo soy Dios.*
> (Salmo 46:10)

> *Da oído a la sabiduría, inclina tu corazón al entendimiento.* (Proverbios 2:2)

> *Pero si alguno de vosotros se ve falto de sabiduría, que la pida a Dios, el cual da a todos abundantemente y sin reproche, y le será dada.* (Santiago 1:5)

No existe ninguna lucha que tú estés experimentando, que Dios no entienda. Y no hay nada que afecte tu vida, sea física, metal, o emocionalmente, que Dios no te pueda dar revelación acerca de cómo vencerlo.

> No existe lucha alguna que tu tengas, que Dios no pueda entender.

Dios está muy familiarizado con las situaciones que nos afligen, y nos recuerda esto en Hebreos 4:15: *"Porque no tenemos un sumo sacerdote que no pueda compadecerse de nuestras flaquezas, sino uno que ha sido tentado en todo como nosotros, pero sin pecado".*

No necesitamos voltear a las complacencias mundanas para aliviar nuestro dolor y nuestros temores. Ya sea que estemos siendo afectados por lo que vemos, oímos, olemos, gustamos o tocamos, Dios ya ha provisto una vía de escape para nosotros. (Favor de ver 1ª Corintios 10:13). Él sabe qué hacer para resolver cualquier conflicto, que quiera impedirnos desarrollar una relación adecuada con Él. *"Y a Aquel (Dios) que es poderoso para hacer todo mucho más abundantemente de lo que pedimos o entendemos, según el poder que obra en nosotros"* (Efesios 3:20). Cualquiera cosa que puedas pensar o imaginar, Dios la puede superar.

VENCIENDO LAS TENTACIONES Y LA NATURALEZA PECAMINOSA

El diablo no solo quiere destruir tu confesión de fe, sino que también quiere destruirte a ti—tanto en la vida, como en la muerte. Tal y como hemos visto, él usa la carne descontrolada de las gentes, como una de sus avenidas de destrucción.

Ceder a los pecados de la carne puede destruirnos física y espiritualmente. Pero, sin importar qué tan fuerte te tenga aprisionado el enemigo, tú siempre puedes soltarte en el Nombre de Jesús. En mi caminar con Cristo Jesús, he podido aprender, que si somos honestos y verdaderos con Dios, con relación a nuestras luchas, Su misericordia reina en nosotros. *"Dios es espíritu, y los que le adoran deben adorarle en espíritu y en verdad"* (Juan 4:24).

El apóstol Pablo escribió, *"Sed de espíritu sobrio, estad alertas. Vuestro adversario, el diablo, anda al acecho como león rugiente, buscando a quien devorar"* (1ª Pedro 5:8). Nunca te permitas ser un blanco fácil para el diablo. Esto significa que nunca debes permitirte estar tan intoxicado en tu medio ambiente, que comiences a descuidar la guerra espiritual que se necesita, para asegurar tu posición espiritual con Dios. El diablo conoce que él no puede destruirte solo porque quiere hacerlo. Al contrario, él debe rondar alrededor y buscar la oportunidad perfecta para devorarte. Si te mantienes alerta en tu posición espiritual con Dios, entonces, cuando el diablo ronda y busca la oportunidad, no la va a encontrar en ti.

Al contrario, él va a tener que pasar de largo, una y otra vez, queriendo poseerte y matarte, pero el poder de Dios, que habita en ti, le mostrará la señal que dice No Pasar, Propiedad Privada.

> ¿Qué se está interponiendo entre tú y Dios?

Algunas veces, toma tiempo para crecer espiritualmente, y aprender a vivir por el Espíritu Santo, en lugar de vivir en la naturaleza pecaminosa. La tentación es algo real y los poderes demoníacos son reales también. Por esto es que Dios muy a menudo trae gentes a nuestra vida, para que oren por nosotros, y nos ayuden a vencer las situaciones que nos mantienen en cautividad. Necesitamos apoyarnos unos a otros, para poder nulificar los ataques del enemigo, y vencer las concupiscencias de la naturaleza pecaminosa.

¿Qué es lo que se está interponiendo entre tú y Dios? ¿Acaso es una búsqueda viciosa de las riquezas, o el hecho de idolatrar tu trabajo, malas relaciones, sensualidad, sentimientos de condenación, adicciones, una mentalidad negativa, orgullo, o sentido de autosuficiencia? Cualquier cosa que sea, no debes posponer tu reconciliación con Dios a causa de ello. Recuerda que cuando Jesús terminó su ayuno de cuarenta días, el diablo hizo todo lo que estaba en su poder, para tratar de alejarlo de Su relación con el Padre Celestial, y esta es la misma táctica que usa el diablo hoy en día. Presenta todo aquello que puede pensar, para alimentar nuestra naturaleza carnal y sus apetitos, y para distraernos de Dios y de Sus caminos. Te va a prometer el mundo entero a cambio de tu alma.

La gente que vive para satisfacer su naturaleza pecaminosa, no puede heredar el reino de Dios, y además, tienen que enfrentar el castigo eterno. Los individuos en el infierno pueden ver los resultados de sus complacencias terrenales. Las mentiras que ellos creyeron, se comienzan a desenmascarar, y son reveladas las profundidades de su engaño. Mentiras seductoras tales como, "no existe el infierno...no le temas a Dios...haz lo que te haga sentir bien...Dios entiende" vienen directamente del abismo del infierno. Estas mentiras tratan de menospreciar la reverencia que le debes tener a Dios, convenciéndote para que Lo rechaces y para que ignores Su juicio venidero. El diablo se asegura de que todos aquellos que son vulnerables a su voz, disfruten las concupiscencias de su carne, más que los mandamientos de Dios. Por esta razón yo lloro y clamo por las almas—y oro que lleguen a oír la Palabra del Señor.

Así también vosotros, consideraos muertos para el pecado, pero vivos para Dios en Cristo Jesús. Por tanto, no reine el pecado en vuestro cuerpo mortal para que no obedezcáis sus lujurias; ni presentéis los miembros de vuestro cuerpo al pecado como instrumentos de iniquidad, sino presentaos vosotros mismos a Dios como vivos de entre los muertos, y vuestros miembros a Dios como instrumentos de justicia. Porque el pecado no tendrá dominio sobre vosotros, pues no estáis bajo la ley sino bajo la gracia. (Romanos 6:11–14)

¿Por qué vas a servir a los deseos temporales y corruptos de la carne, mientras estás en la tierra, para después morir e ir al infierno para siempre? Piensa en lo que estás haciendo. Cambia tu mente y tu estilo de vida, volteando al Señor Viviente, que te está rogando que dejes de vivir de acuerdo a tu naturaleza pecaminosa. Debes creer lo que el Espíritu está diciendo a las iglesias: "Arrepiéntanse, pueblo mío, y volteen al Dios Viviente. Él te lavará y quedaras completamente limpio".

DIOS NUNCA NOS ABANDONARÁ

Existen muchas mentiras con relación a la naturaleza pecaminosa. Cada uno de nosotros tenemos diferentes problemas, pero Dios nos ha dado el poder para vencerlos. De esto es lo que se trata el Evangelio. Debes entender que si caes, Dios es más que suficiente para recogerte, y para mostrarte Su amor, tal y como un padre le muestra su amor a su bebé. Cuando tienes un recién nacido, tú lo amas, lo proteges, y lo cuidas, y a medida que crece, tú estás atento, a medida que aprende a gatear y a caminar. Cuando se tropieza, y se golpea en su cabecita, comenzando a llorar, tú lo abrazas y lo consuelas.

De la misma manera, Dios nunca te va a abandonar. (Favor de ver Hebreos 13:5). Sin importar las circunstancias, Él está dedicado a tu bienestar, cuando tú lo buscas sinceramente para tu liberación. Todas las visiones que he tenido son un verdadero testamento a Su poder y determinación, para vernos vencer cualquier reto que se nos presente.

---

[1] Las estadísticas de alcohol fueron derivadas de los siguientes recursos en el idioma inglés: "Updating

Estimates of the Economic Costs of Alcohol Abuse in the United States: Estimates, Update Methods, and Data," U.S. Department of Health and Human Services, December 2000 <http://pubs.niaaa.nih.gov/publications/economic-2000/alcoholcost.PDF> July 10, 2007; <http://www.msnbc.msn.com/id/6089353> July 10, 2007; "Alcohol, Crime, and the Criminal Justice System," L. Greenfield and M. Henneberg, "Alcohol and Crime: Research and Practice for Prevention," Alcohol Policy XII Conference: Washington, DC, 11–14 June 2000; <http://www.niaaa.nih.gov/AboutNIAAA/AdvisoryCouncil/CouncilMinutes/min4–02.htm> July 10, 2007; Tegan A. Culler, "The Poison Within," Children's Voice, a publication of Child Welfare League of America, November/December 2003 <http://www.cwla.org/articles/cv0311poison.htm> July 10, 2007; Collaboration, Coordination and Cooperation: Helping Children Affected by Parental Addiction and Family Violence (New York: Children of Alcoholics Foundation, Inc.,) 1996.

7

LIBERACIÓN A TRAVÉS DE LA GUERRA ESPIRITUAL

En el último capitulo vimos lo importante que es vivir en el Espíritu, y no permitirle a la naturaleza pecaminosa que tome control de nuestra vida. Si mantenemos las riendas bien controladas con la naturaleza pecaminosa, no solo nos va a preservar en nuestra posición con Dios, sino que también nos va a capacitar para estar alertas espiritualmente y bien preparados para la guerra espiritual.

Tal y como hemos visto en los capítulos anteriores, estamos peleando en contra de fuerzas demoníacas, cuya misión es destruirnos. En mis visiones, he visto ejércitos de demonios en el infierno. Armados de la misma forma que los ejércitos en la tierra, ellos tienen diferentes rangos y niveles. También hay rangos entre estas fuerzas militares demoníacas. Tienen tenientes, cabos, y soldados. Pude ver a muchos de ellos, parados en atención, esperando sus órdenes. Tienen colmillos y alas rotas, y un horrendo olor sale de todos ellos.

También tienen poder para cambiar su apariencia y forma. También vi muchos demonios y fuerzas malignas en un lugar parecido a un estadio en el infierno. Algunos de ellos tenían dientes. Otros tenían pelos. Otros tenían colas como los changos, y otros eran tan grandes como los osos. Unos pocos de estos demonios eran como de cuatro metros de estatura, y tenían formas viboreznas con colmillos muy largos que salían de su boca. Se gritaban unos a otros. En frente de ellos estaba parado un demonio más poderoso y más grande, que sostenía un listado. Él les daba órdenes a los demonios más pequeños. También había demonios que tomaban órdenes del mismo satanás, y causaban todo un trastorno en la vida de las gentes sobre la tierra.

> **Necesitamos atar los demonios, para nulificar sus tareas, e impedirles venir a la tierra.**

Cuando vi estas cosas, escuché la voz del Señor recordándome, "Todo lo que ates en la tierra, será atado en el cielo. Todo lo que sueltes en la tierra, será soltado en el cielo". (Favor de ver Mateo 16:19, 18:18). Yo pensé, necesitamos atar estos demonios para impedirles que vengan sobre la tierra y nulificar sus tareas.

Para poder atar las fuerzas malignas por medio de la guerra espiritual, debemos mantener los siguientes conceptos en mente.

DEBEMOS VIVIR EN LA AUTORIDAD QUE CRISTO TE DIO

En primer lugar, debemos vivir en la autoridad que Cristo nos ha dado. Jesús se entregó para ser torturado, y murió en la cruz, para ganar la victoria sobre el diablo, y para darnos acceso a Su autoridad en la tierra. Marcos 16 revela el poder y la autoridad del creyente, en el Nombre de Jesús, incluyendo la autoridad que tiene el creyente, sobre las fuerzas de las tinieblas.

> *El que crea y sea bautizado será salvo; pero el que no crea será condenado. Y estas señales acompañarán a los que han creído: en mi nombre echarán fuera demonios, hablarán en nuevas lenguas; tomarán serpientes en las manos, y aunque beban algo mortífero, no les hará daño; sobre los enfermos pondrán las manos, y se pondrán bien.* (Marcos 16:16–18)

Aquellos que creen en el Señor Jesucristo...

- Reciben vida eterna.
- Tienen la autoridad de Jesús para echar fuera demonios.
- Pueden ser llenos del Espíritu Santo, y hablar en lenguas celestiales ("las nuevas lenguas") para comunicarse con Dios e interceder por otros.
- Están investidos con la habilidad para vencer los ataques que hacen que otras gentes sucumban ante la enfermedad o la muerte.

• Son instrumentos de sanidad.

Jesús instruyó a Sus discípulos, *"Sanad enfermos, resucitad muertos, limpiad leprosos, expulsad demonios; de gracia recibisteis, dad de gracia"* (Mateo 10:8). Con la autoridad que nos ha sido dada en el Nombre de Jesús, debemos dar libremente el don de liberación a todos aquellos que se encuentran atados por satanás. El diablo odia el Nombre de Jesús, y odia cuando ordenamos liberación en el Nombre de Jesús, porque él sabe que va a ser derrotado. Debemos someternos a Dios y creer sin lugar a dudas, que Jesús es real, y que tiene toda la autoridad en la tierra, para que podamos pelear la guerra espiritual en una forma efectiva.

Debes Desarrollar Compasión por Aquellos que Están Atados por Satanás

En segundo lugar, debemos tener el corazón lleno de compasión que tiene Dios, por aquellos que están oprimidos por el enemigo. Leemos en las Escrituras,

> *Clemente y compasivo es el Señor, lento para la ira y grande en misericordia. El Señor es bueno para con todos, y su compasión, sobre todas sus obras.* (Salmo 145:8–9)

> *Y al atardecer, le trajeron muchos endemoniados; y expulsó a los espíritus con su palabra, y sanó a todos los que estaban enfermos, para que se cumpliera lo que fue dicho por medio del profeta Isaías cuando dijo: El mismo tomó*

*nuestras flaquezas y llevó nuestras enferme-
dades.* (Mateo 8:16–17)

*Al entrar El en la barca, el que había estado
endemoniado le rogaba que le dejara acompa-
ñarle. Pero Jesús no se lo permitió, sino que
le dijo: Vete a tu casa, a los tuyos, y cuéntales
cuán grandes cosas el Señor ha hecho por ti,
y cómo tuvo misericordia de ti.*

(Marcos 5:18–19)

El Señor está profundamente preocupado por
aquellos que están atados, y nosotros necesitamos
tener el mismo tipo de compasión por ellos, para liberarlos en Su poder. Si no tenemos compasión, y no
hacemos nada para ayudar a otros, ¿qué es lo que
vamos a hacer cuando estemos frente al Señor, y Él
nos pregunte, "¿Dónde están las almas que tú ayu-
daste a salvar? ¿Dónde están aquellos que liberaste de
la opresión en Mi Nombre? ¿Dónde están aquellos que
estaban afligidos con enfermedades, y por quienes
oraste para que sanaran?" Tú no vas a poder decir,
"Señor, tenía miedo de hablarle a la gente acerca de
Ti", o "No tuve tiempo", o "no me importó el bienestar
de los demás". Dios nos da dones, y nos llena con Su
santo poder, para traer otros a Él, y para liberarlos de
todo aquello que los esté atando.

Como embajadores de Cristo Jesús, debemos llevar
la cruz entintada en Su Sangre, y revelar el sacrificio
de Cristo a favor del mundo, y Su deseo de liberar a

todas las gentes. La iglesia debe esparcir la Palabra de Dios y debe revelar el amor de Cristo Jesús. Más aun, nunca debemos permitir que la guerra espiritual que enfrentamos, nos impida esparcir las Buenas Nuevas del Evangelio. Por ejemplo, uno de los objetivos del enemigo son nuestras finanzas. Una potestad demoníaca puede venir en contra de nuestra estabilidad financiera, para tratar de atarnos e impedirnos esparcir el Evangelio, a todos aquellos que están destituidos. Debemos pararnos firmes en contra de esta potestad, y seguir alcanzando a todos aquellos que están en necesidad.

> **Dios nos da dones, y nos llena con Su Santo Poder, para que traigamos a muchos otros a Él.**

Dios quiere que estés consciente de los poderes demoníacos seductores del infierno, que están trabajando en la tierra, y la forma en que ellos tratan de controlar a la gente, para hacerlos sucumbir ante sus sugestiones. Tal y como lo mencioné en el capítulo anterior, los demonios van a cazar los puntos vulnerables de las gentes. El engaño demoníaco hace que las gentes hagan cosas que ellos no harían ordinariamente, bajo la claridad de su mente. Dos áreas de ataque que he encontrado son la depresión y los pensamientos de suicidio. Debemos saber cómo confrontar estos ataques, para poder ministrar a otros, y también a nosotros mismos.

Compasión por Aquellos que Sufren de Depresión

La gente frecuentemente desarrolla depresión, como resultado de heridas, rechazos, sufrimientos, y dolor. Jesús conoce el dolor que causan estas emociones, y la incapacidad que puede traer sobre la mente de las gentes. Él Mismo sufrió el dolor del rechazo y del sufrimiento, pero venció toda tentación que lo llevaba a sucumbir ante la depresión. Él tomó nuestros sufrimientos y nuestros dolores, llevándolos por nosotros en la cruz.

> *Fue despreciado y desechado de los hombres, varón de dolores y experimentado en aflicción; y como uno de quien los hombres esconden el rostro, fue despreciado, y no le estimamos. Ciertamente El llevó nuestras enfermedades, y cargó con nuestros dolores; con todo, nosotros le tuvimos por azotado, por herido de Dios y afligido.* (Isaías 53:3–4)

Tú tienes que reprender toda depresión en el Nombre de Jesús, y debes creer que Dios te va a liberar. Algunas veces, tal vez vas a necesitar recurrir a la fe de otro hermano o hermana más fuertes, para que se unan a ti en oración, para derrotar a esta opresión demoníaca, que viene sobre la mente. No permitas que el enemigo traiga opresión sobre ti. A través de los años, he orado para que el Señor libere gentes, y he podido testificar del poder de Dios, sacudiéndolos como si fueran hojas de un árbol, a medida que son liberados. Entonces, le he pedido a Dios que restaure y vuelva a edificar sus vidas.

Compasión por Aquellos que Tienen Pensamientos de Suicidio

Los demonios de suicidio salen del infierno y se trepan en los hombros de las gentes, susurrándoles mentiras como estas: "Mátate...nadie te quiere...a nadie le importas". Nunca voy a olvidar un día cuando estaba ministrando un servicio en la ciudad de Chicago, y el Espíritu Santo me mostró un demonio maniático-depresivo. Un joven se me acercó y me dijo, "He blasfemado en contra del Espíritu Santo". Lo miré y pensé dentro de mí, No tiene ni siquiera treinta años de edad. Me pregunto cuanto tiempo lleva de ser salvo, y qué es lo que está hablando. Ya había predicado la Palabra de Dios, y había comenzado a orar por las personas. Así que el Señor me dijo, "Escúchalo bien otra vez".

El joven habló otra vez y dijo, "¿Podrías orar para que yo no me vaya al infierno? Me dirijo en esa dirección porque he blasfemado en contra del Espíritu Santo". De inmediato, el Espíritu Santo me dio sabiduría para preguntarle qué edad tenía, y cuándo había nacido de nuevo. Él me respondió, "Hace un par de años solamente". "Bueno, ¿qué edad tenías cuando blasfemaste en contra del Espíritu Santo?" Él respondió, "tenía doce años". Le pregunté, "cariño, ¿cómo es que tú blasfemaste en contra del Espíritu Santo, si entonces ni siquiera Le conocías?" Continué explicando, "En la tierra hoy en día, muchas gentes juran y maldicen, y hacen todo tipo de cosas malvadas antes de venir a nacer de nuevo. Después de que aceptan a Cristo Jesús, algunas veces necesitan ayuda para ser liberados, y algunas veces el Señor los libera directamente de estos poderes falsos. El Señor te ama realmente, y yo no entiendo cómo es que tú hayas blasfemado al Espíritu Santo, hace doce años, siendo que tú has sido salvo por solo dos años".

> Después de nacer de nuevo, algunas personas necesitan ayuda para ser liberados.

El joven comenzó a platicar conmigo, y me explicó ciertas circunstancias de su vida, cuando de repente, mis ojos fueron abiertos en el ámbito espiritual, y pude ver algo verde, que estaba sentado en su cabeza. Tenía la forma de un objeto redondo con cuatro brazos en un lado y cuatro brazos del otro lado. Recuerdo haber visto que tenía ojos que me estaban mirando muy fijamente. Sacudí mi cabeza y ore dentro de mi corazón, "Jesús, ¿qué es esto?" El Señor contestó, "Es un demonio maníaco-depresivo. Esta cosa ha estado en él, desde que tenía doce años de edad. Le ha mentido, lo ha seducido, y le ha dicho todo tipo de cosas que no son ciertas".

Lo miré otra vez, y vi cuatro ángeles que estaban

parados alrededor de él. Uno tenía una cadena, otro tenía una espada, otro tenía una Biblia, y el otro tenía un rollo de escritura. El Señor, entonces, me reveló, "Voy a liberar a este hombre esta misma noche. Me vas a ver liberarlo para animar a toda esta gente".

He podido aprender que casi todo lo que me sucede es para animar al pueblo de Dios. Así que, le pedí a este hombre que orara la "oración del pecador" conmigo, para arrepentirse, y para reconciliarse con Dios. Ore por él, y de nuevo, vi a este malvado ser, sentado sobre su cabeza. Tenía boca, y se estaba burlando de mí. Sus manos eran extremadamente flacas, y tenía un dedo alrededor de la frente de este joven, otro dedo alrededor de sus ojos, otro alrededor de su boca, y otro más alrededor de su cuello.

El Señor me dijo que liberara a este hombre de este espíritu-maniático-depresivo en el Nombre de Jesús. Comencé a orar, "en el Nombre de Jesús, tú, poder maníaco-depresivo, te ordeno que sueltes a este hombre, ¡en el Nombre de Jesús!" Cuando le ordené a esta fuerza maligna soltar al muchacho, el joven comenzó a sacudirse de arriba para abajo. Uno de los ángeles tomó cuatro de las manos del demonio maníaco-depresivo. A medida que jalaba las manos, otro ángel encadenó al demonio, y pude ver una Escritura que decía:

> Yo te daré las llaves del reino de los cielos; y lo que ates en la tierra, será atado en los cielos; y lo que desates en la tierra, será desatado en los cielos.   (Mateo 16:19)

Mientras continué ordenando al demonio que soltara a ese muchacho, y que fuera echado fuera hacia "los lugares secos", en el Nombre de Jesús (favor de ver Mateo 12:43; Lucas 11:24), los ángeles comenzaron a llevárselo. El hombre entonces, cayó al suelo, sacudiéndose y temblando. El Señor me dijo que orara por su restauración, debido al daño que el demonio le había hecho. Oré en el Nombre de Jesús, tal y como el Señor me lo indicó. Momentos más tarde, el hombre se levantó del suelo, sacudiendo su cabeza. Sus ojos estaban tan claros y hermosos, cuando finalmente dijo, "Me siento muy bien. Siento como si algo fue quitado de encima de mi cabeza". "Literalmente, así fue", le respondí. "Dios te liberó de ese demonio maníaco-depresivo". Comencé a orar por la restauración de su cerebro y de su alma, en el Nombre de Jesús, y declaré con fe, que Dios lo iba a sanar por completo.

Debes Mantenerte Firme Durante los Ataques Demoníacos

Finalmente, necesitamos mantenernos firmes durante los ataques, y mostrarles a los demás, como pueden hacer esto también. Hay muchas personas en el mundo que están tan destruídos, que no saben qué hacer o cómo ser liberados de los ataques del diablo. En la obra teatral Un Demonio en Mi Recámara, el Obispo Bloomer revela dramáticamente, el encuentro real con espíritus inmundos que mucha gente experimenta. De la misma forma, muchas personas me llaman y me escriben suplicando, "Mary, por favor dime qué es esto. Oigo voces por las noches, y siento que jalan mi cuerpo. ¿Qué debo hacer?"

Si estás experimentando algo como esto, no te rindas ante estos espíritus malignos, pero tienes que saber que el poder de Dios se perfecciona en tus debilidades. (Favor de ver 2ª Corintios 12:9). Es tiempo de que oigamos que Dios tiene mucha gracia para nosotros. Es tiempo de conocer que solo el Nombre de Jesús hace huir a los demonios, y que la Sangre del Cordero de Dios nos protege. Tal y como el Señor era una muralla de fuego, protegiendo a Jerusalén, Él también te va a rodear con Su gloria y Su poder, para que ningún arma forjada en tu contra pueda prosperar. (Favor de ver Zacarías 2:4–5; Isaías 54:17).

> El Nombre de Jesús hace que los demonios huyan, y la Sangre del Cordero de Dios nos protege.

Recuerda las siguientes verdades cuando te encuentres en tiempos difíciles, para que no te rindas ante las voces de espíritus seductores.

Conoce Quién es Tu Dios

Aún cuando te sientas que estás completamente solo, Dios siempre está ahí contigo.

Porque El mismo ha dicho: "Nunca te dejaré ni te desampararé". (Hebreos 13:5)

Si tomo las alas del alba, si habito en lo más remoto del mar, aun allí me guiará tu mano, y me asirá tu diestra. Si digo: Ciertamente las tinieblas me envolverán, y la luz en torno mío será noche; ni aun las tinieblas son oscuras para ti, y la noche brilla como el día. Las tinieblas y la luz son iguales para ti.
(Salmo 139:9–12)

Debes Saber que Dios Te Ama

El amor de Dios es incondicional. Él te ama, a pesar de los retos que estés enfrentando actualmente, y está esperando y dispuesto a recibirte, si tu clamas Su Nombre.

Desde lejos el Señor se le apareció, diciendo: Con amor eterno te he amado, por eso te he atraído con misericordia. (Jeremías 31:3)

Porque de tal manera amó Dios al mundo, que dio a su Hijo unigénito, para que todo aquel que cree en El, no se pierda, mas tenga vida eterna. (Juan 3:16)

Pero Dios demuestra su amor para con nosotros, en que siendo aún pecadores, Cristo murió por nosotros. (Romanos 5:8)

¿Quién nos separará del amor de Cristo?

¿Tribulación, o angustia, o persecución, o hambre, o desnudez, o peligro, o espada? Tal como está escrito: Por causa tuya somos puestos a muerte todo el día; somos considerados como ovejas para el matadero. Pero en todas estas cosas somos más que vencedores por medio de aquel que nos amó. Porque estoy convencido de que ni la muerte, ni la vida, ni ángeles, ni principados, ni lo presente, ni lo por venir, ni los poderes, ni lo alto, ni lo profundo, ni ninguna otra cosa creada nos podrá separar del amor de Dios que es en Cristo Jesús Señor nuestro. (Romanos 8:35–39)

Invócame en el día de la angustia; yo te libraré, y tú me honrarás. (Salmo 50:15)

Reconoce que la Palabra de Dios es Verdadera

Es imposible que Dios mienta. Si Él te hizo una promesa, Él la va a cumplir.

Dios no es hombre, para que mienta, ni hijo de hombre, para que se arrepienta. ¿Lo ha dicho El, y no lo hará?, ¿ha hablado, y no lo cumplirá? (Números 23:19)

La suma de tu palabra es verdad, y cada una de tus justas ordenanzas es eterna.

(Salmo 119:160)

Tu Palabra es verdad. (Juan 17:17)

No tienes que ser intimidado por los intentos de amenazas de satanás. Cuando aprendes la verdad en la Palabra de Dios, te haces menos susceptible a los crueles ataques que el diablo lanza en tu contra. Lee y memoriza las promesas de Dios, de que te protege y te libera, y aplícalas en tu vida. Cada vez que confronto personas que le tienen miedo a los ataques del enemigo, yo les instruyo, diciendo, "Solo dile al diablo que tú ya estás muerto en Cristo Jesús, y que sigues muriendo diariamente a las cosas de este mundo, a fin de adorar y servir al Dios Viviente". (Favor de ver Romanos 6:4; Gálatas 2:20).

Tienes que estudiar la Palabra de Dios, para presentarte aprobado delante de Dios, y para que puedas recordarle al diablo, quién eres en Cristo Jesús. (Favor de ver 2ª Timoteo 2:15). Aún en la muerte, la victoria les pertenece a aquellos que conocen a su Dios, y que son llamados de acuerdo a Su propósito divino. (Favor de ver Romanos 8:28).

¡NUNCA TE RINDAS!

Dios dijo que habrían momentos muy difíciles en los últimos tiempos (favor de ver, por ejemplo, Mateo 24:6–7; 2ª Timoteo 3:1–5), y me duele el corazón cuando le decimos a Dios que Le vamos a servir, pero nos rendimos, y regresamos a nuestra vieja manera de vivir, debido a nuestra apatía, culpa o temores. Los tiempos difíciles que tengamos no deben impedirnos servir a Dios, ni hacer guerra contra el enemigo. Si te encuentras en medio de una lucha, ¡No te rindas! Arrepiéntete, y regresa con Dios, y Él te ayudará.

Cuando clamamos al Nombre de Jesús en tiempos de angustia, Él manda ángeles muy poderosos para ayudarnos, y para librarnos de las manos del enemigo. Algunas veces, estos ángeles están alrededor de nosotros, velando por nosotros. Ellos también entran en batalla, y pelean por nosotros. Encadenan a los demonios y los echan fuera. Lanzan fuego de sus espadas, escribiendo la palabra de Dios en los aires. Estos ángeles son en verdad muy poderosos, y Dios los ha enviado a ministrarnos como herederos de la salvación que somos.

> *¿No son todos ellos espíritus ministradores, enviados para servir por causa de los que heredarán la salvación?* (Hebreos 1:14)

En visiones, he visto carruajes que salen del cielo, guiados por ángeles, que continuamente vienen a rescatarnos, cuando en verdad, buscamos a Dios en oración. Estos ángeles guerreros se ven muy feroces, y están enfocados en su propósito de hacer cumplir la voluntad de Dios. Tienen mandíbulas de acero y ojos de fuego. Sus vestiduras son hechas de acero y metal, así como de otros materiales que yo no pude identificar. Usan cascos, adornados con emblemas de guerra, y pelean ferozmente con los demonios, por el bien de nosotros. Estos ángeles del Señor van por toda la tierra. Con sus enormes espadas de fuego, cortan las presencias malvadas y los poderes de las tinieblas.

Mientras más creemos en Dios, más pelean las huestes celestiales en contra del diablo, y a favor nuestro. Mientras más estudiamos la Palabra de Dios, más liberan ellos. Anímate, porque, *"pero a la mañana vendrá el grito de alegría"* (Salmo 30:5).

Lo que he aprendido y aún sigo aprendiendo acerca de los ángeles, es lo real y poderosos que son, y como es que Dios algunas veces, nos permite verlos.

> **Mientras más creemos en Dios, más pelean las huestes celestiales a favor nuestro.**

Hace muchos años, mi hijo tenía una fiebre muy alta, y yo había estado orando durante varios días para que su fiebre se quitara. Tenía su cama cerca de la mía, y un día, mientras oraba, varias cosas extrañas comenzaron a suceder. Una luz muy brillante apareció en la recámara. En este círculo de luz estaba el rostro de un ángel con el cabello más hermoso. La única manera en que puedo describir su color es comparándolo a una zanahoria muy brillante. Él también sostenía una espada. Miré a mi hijo, y Dios abrió mis ojos para que pudiera ver el espíritu de fiebre que estaba sobre él. Estaba envolviéndolo como si fuera una oruga, y era de color negro. Pero había una mirada de determinación en los ojos del ángel. El ángel apuntó la espada hacia el cuerpo de mi hijo, y cuando lo hizo, le ordenó al espíritu de fiebre que se fuera. Éste huyó y se envolvió alrededor de la espada del ángel. El ángel levantó la espada y salió con él por la ventana. De inmediato, mi hijo estaba libre de la fiebre.

He visto ángeles trabajando para hacer que la Palabra de Dios se cumpla, y créeme, Su Palabra no puede fallar. Dios quiere que tú sepas que tienes el poder para cambiar tus circunstancias, a través del Nombre de Jesús, y por medio de invocar Su poder sobre cada circunstancia que amenace con traerte destrucción.

> *Pelea la buena batalla de la fe; echa mano de la vida eterna a la cual fuiste llamado, y de la que hiciste buena profesión en presencia de muchos testigos.*		(1ª Timoteo 6:12)

Nunca vas a recibir los beneficios de la guerra espiritual que se desarrolla en el reino celestial, si te estás rindiendo continuamente en las cosas de Dios. Tienes que pelear y tienes que ser fiel a Dios, para poder retener la vida eterna, porque el enemigo va a hacer todo lo posible para impedirte que la obtengas. Es una lucha de fe, pero recuerda que Dios ya ha ganado la victoria para ti. Dondequiera que vayas, y sin importar que te suceda en la vida, sigue buscando al Señor, y Él te revelará la respuesta para todas tus necesidades.

8

LIBERACIÓN A TRAVÉS
DE LA ORACIÓN

Ahora quiero hablar acerca de la oración de intercesión, que es un arma poderosa para la liberación. Pablo nos advierte, *"Con toda oración y súplica orad en todo tiempo en el Espíritu, y así, velad con toda perseverancia y súplica por todos los santos"* (Efesios 6:12).

Cuando Dios me permite ver manifestaciones sobrenaturales, algunas veces puedo ver demonios que están sobre los hombros o sobre las piernas de las personas, o susurrándoles en los oídos. Los demonios no siempre poseen a las gentes, pero siempre las oprimen. Debido a que mucha gente no ha sido enseñada en cómo orar y cómo rechazar las influencias demoníacas, muchas veces no saben como pelear en contra de ellos. En este capítulo, quiero ayudarte para que entiendas cómo orar por ti mismo y por otros para ser liberados.

CAMINA EN TU LLAMAMIENTO

Uno de los dones que Dios me ha dado, es el don de misericordia y amor. Después que vi las visiones del infierno, nunca volví a ser la misma. Antes, yo no entendía la fuerza que impulsaba a las gentes, desde las profundidades, para que cometieran pecados horribles. Ahora, cuando oro por alguna persona, puedo honestamente, dolerme por ellos, hasta que son liberados por el poder de Dios, debido a que poseo la revelación que se necesita, para conectar con su necesidad de ser liberados. Tengo el llamamiento de Dios sobre mí, para actuar en lo que Él me ha ungido para hacer. Quiero recomendar a los otros que hagan lo mismo—que caminen en el llamamiento de Dios para su vida.

> ¿Quién te ayudó cuando lo necesitabas? Necesitas interceder por otros de la misma manera.

Miles de personas en nuestras tierras están muriendo como resultado de las ataduras y pecados de las gentes. Yo sé que Dios quiere un cambio en la tierra. Debemos demostrarle nuestro amor al Padre Celestial, por medio de amar a los demás. Cuando tú estabas en necesidad—perdido espiritualmente, luchando con adicciones, enfermo, indefenso—¿Quién oró por ti? ¿Quién te ayudó cuando lo necesitabas? ¿Quién deseaba que tú vencieras? El

Espíritu del Señor estaba persuadiendo gentes para que intercedieran en tu favor. Tú necesitas interceder por otros de la misma manera.

Cuando tú recibes un llamamiento de Dios, no puedes seguir por donde va la multitud. Dios no quiere copias. Él quiere que seas guiado y enseñado por Su Espíritu. Algunas personas, prefieren hacer oídos sordos ante la Palabra del Señor, y cerrar sus ojos a Su guía espiritual, endureciendo sus corazones, porque el hecho de recibir la verdad y tomar la responsabilidad, también significa que tenemos que cambiar, y hacer las cosas a la manera de Dios. Los cambios pueden ser muy incómodos para nuestro estilo de vida, y para la forma en que hacemos todas las cosas: sin embargo, Dios ordena que lo hagamos. Debemos arrepentirnos de nuestro egoísmo y regresar al pie de la cruz.

Tal vez, tú no te sientes digno o capaz de interceder por otros. De nuevo, aunque tropieces algunas veces, y caigas en tu viaje de fe, esto no significa que debes darle la espalda a Dios y rendirte. Tal vez obtengas algunos moretones y golpes en tu caída, pero si volteas a Dios, el Señor aliviará el dolor con Su bálsamo sanador que viene del cielo. Sin importar lo que estás atravesando, Dios tiene la solución para aliviar cada aflicción; Él tiene todo el conocimiento, y te puede dar una solución que te llene de paz. Busca a Dios, y Él hará que seas un vencedor, capaz de levantarse por encima de cualquier cosa que esté tratando de derrotarte. Entonces, tú podrás ministrar a otros a su vez.

Debemos creer en Dios, y hacer a un lado nuestras dudas y temores; Tenemos que creer que Dios es nuestro lugar donde habitamos, y si acaso llegamos a pecar, aún así, podemos acercarnos a Él en arrepentimiento, para recibir perdón, por medio de Cristo Jesús. (Favor de ver 1ª Juan 1.7-9). Si Él tiene que reprendernos otra vez, que así sea. El Señor nos castiga debido al gran amor que nos tiene, y debido a que está dedicado a salvar nuestra alma, y el alma de muchos otros. Por lo tanto, arrepiéntete, ten comunión con Dios, y permítele que limpie tu corazón. Búscalo a través de la oración sencilla, como esta oración, por ejemplo:

> Señor, yo creo que tengo la victoria en Cristo Jesús sobre cada área de mi vida. Me arrepiento de todos mis pecados. (Nombra los pecados). Te pido que cubras toda mi casa con Tu Sangre y con Tu Palabra, para que ningún arma forjada contra mi pueda prosperar. Mantenme cerca de Ti; Enséñame y guíame el día d hoy. En el Nombre de Jesús. Amén.

Este tipo de oración, junto con el Padre Nuestro, es lo que les pido a las personas que oren, cuando me piden consejo con relación a los ataques espirituales. Haz estas oraciones todos los días como parte de tu diario caminar con Cristo Jesús.

El Poder de la Oración

Cuando oras, recuerda que Jesús tiene todo el poder y toda la autoridad. (Favor de ver Mateo 28:18). Debemos poner todas estas fuerzas satánicas debajo de Sus pies, en Su Nombre. (Favor de ver Salmo 8:6; 110:1; 1ª Corintios 15:25–27). He tenido visiones de gente que están orando, y sus oraciones suben como rayos de luz. A medida que se acercaban al trono, las oraciones aparecían como palabras escritas, y Dios les ordenaba que regresaran a la tierra en forma de respuestas.

Así como somos en este estado de oración, el enemigo se tiene que echar totalmente hacia atrás.. Es imposible que él penetre la protección de la oración. Los demonios huyen y van a reportar al diablo, "no pudimos atacar debido a este muro de oración". He tenido visiones donde veo que esto sucede, he visto personas orando, y he sido testigo de un muro circular de fuego, que viene a proteger a familias enteras.

> **Así como somos en este estado de oración, el enemigo se tiene que echar totalmente hacia atrás.**

Permíteme dar otro ejemplo del poder de la oración. Había un niño pequeño a quien yo acostumbraba ministrar y animar en el Señor. Le dije, "cariño, si alguna vez te metes en problemas, solo clama el Nombre de Cristo Jesús". Poco supe, de esto, cuando al cabo de dos semanas, este niño estaba involucrado en un accidente automovilístico. Él era uno de los pasajeros en el asiento trasero del automóvil, y el auto se fue por una barranca, para ir a caer a un río. El auto se hundió, y les tomó cerca de quince minutos para poder sacarlo a él y a los otros pasajeros. Desafortunadamente, dos de los jóvenes murieron, pero este jovencito sobrevivió milagrosamente. En el hospital, después que los doctores habían drenado su estomago, él les contó al personal médico lo siguiente, "recuerdo que la Sra. Baxter me dijo—que clamara el Nombre de Jesús. Y cuando estábamos en ese auto, yo estuve orando, '¡Jesús, sálvame!', y fue como si una burbuja de aire rodeó mi cabeza y yo pude respirar. Recuerdo que pude respirar hasta el momento en que me sacaron, y sé que esto se debió al Nombre de Jesús". Escucho muchos relatos acerca del poder de la oración en el Nombre de Jesús.

ORACIÓN EN CONTRA DE LAS PUERTAS O PORTALES DEL INFIERNO

Hace años, tuve una visión de una de las puertas del infierno, mientras me encontraba en un viaje para predicar en Pennsylvania. Había un lugar en el bosque, donde adoradores satánicos practicaban rituales con símbolos en la tierra, y todo tipo de actividades demoníacas. Un grupo de nosotros, todos cristianos, fuimos ahí para ungir la tierra, debido a que un hombre estaba aterrorizado por la actividad demoníaca en esta área. Teníamos aceite para ungir, y abrimos la Biblia, pidiéndole a Dios que enviara Su ejército de ángeles para cerrar esta puerta del infierno. A medida que oramos, la tierra tembló, y el piso comenzó a hundirse. Entonces, pude ver a los ángeles de Dios que vinieron y cerraron esa puerta que llevaba a ese portal del infierno. Experimentamos un ataque demoníaco después de hacer esta oración, de tal manera que el automóvil que íbamos conduciendo, quedó atorado en una zanja de drenaje. Estaba muy frío, y como el tubo del drenaje se rompió, había aguas negras que habían mojado todo el carro. Seguí recordándoles a los demás que solo se trataba de la respuesta del enemigo, que estaba tratando de molestarnos, después de que habíamos cumplido la voluntad del Señor.

Después que haces la voluntad del señor, el enemigo trata de bombardearte con problemas, para

> Yo creo en la Palabra Viviente de Dios, en la cual me mantengo firme contra los ataques satánicos.

hacerte preguntar a ti mismo, si hiciste o no, la voluntad de Dios. Pero la Biblia nos asegura que todo lo que atemos en la tierra será atado en los cielos, y todo lo que soltemos en la tierra, será soltado en los cielos. Ninguno de nosotros resultó lastimado en este incidente, y después que pudimos desatorar el carro de la línea rota del drenaje, pudimos darnos cuenta de que se trataba de otra distracción satánica, para tratar de robarnos el milagro que había ocurrido durante nuestra oración. Yo creo en la Palabra Viviente de Dios. Estamos firmes en la Palabra de Dios y nos regocijamos en el hecho de que las puertas el infierno no pudieron usar esa situación para prevalecer en contra de nosotros. La frase "las puertas del infierno no prevalecerán contra nosotros" no es una frase comercial o de moda; es la palabra Viva de Dios, que yo he testificado en un sinnúmero de ocasiones a través de mis viajes ministeriales.

En otra ocasión, cuando me encontraba predicando en otro estado de los Estados Unidos, recibí una llamada de una dama que me preguntó, "dado que usted está predicando acerca de las puertas del infierno, ¿podría venir a mi casa, para ungir mi jardín, y orar conmigo, debido a que mi marido se ha vuelto loco?"

"¿Cómo es que él se ha vuelto loco?" Le pregunté.

"Él cree que hay seres extraterrestres que lo transportan fuera de la casa, hacia su nave espacial, y hacen cosas horribles con él".

"¿En verdad?" Respondí curiosamente. Así que le pedí a algunas personas que fueran conmigo para orar por esta dama. Cuando entré en la casa, pude percibir un olor putrefacto, e inmediatamente voltee a preguntarle, "¿Qué es ese olor?"

Ella respondió, "Ven acá, te lo voy a mostrar". Ella abrió una puerta de malla de mosquitero que daba al patio trasero de la casa, y ahí, en el patio trasero, había por lo menos cinco centímetros de excremento de perro formando un círculo grande.

"Cada perro en este vecindario viene a mi casa para hacer sus necesidades en mi patio", ella me explicó. Le dije que me diera una botella de aceite de olivo, y de inmediato comencé a orar. Caminé alrededor del circulo de excremento de perro, y comencé a clamar el Nombre del Señor Jesús, para cerrar esta puerta del infierno, y detener el ataque del enemigo sobre esta familia. Mientras oré, el piso se hundió como unos veinte centímetros. De repente, tuve una visión de ángeles que venían y sellaban esa puerta. Ellos la ataron con una cadena, la cerraron, y comenzaron a cantar la victoria. Yo dije, "Amado Dios, ¡Estas puertas son muy reales!" Comencé a entender completamente todas las veces que Dios me había ungido para orar sobre tierras, cuando yo visitaba otras ciudades, donde yo podía ver el fuego de Dios descendiendo, y destruyendo las fuerzas malignas de satanás. Por lo tanto, comencé a poner atención en las ciudades y en los pueblos a través de todos mis viajes. Tuve visiones de Dios extendiendo Su brazo y quemando las tinieblas, y eso me ponía tan feliz. Ore, "Dios, necesitamos un avivamiento. Necesitamos avivar a toda esta gente, y ellos necesitan poner su mente completamente libre de la mentalidad del diablo, y ser renovados con la mente de Cristo".

ORACIÓN PARA LIBERACIÓN DE LAS ATADURAS

Recientemente, algunos intercesores y yo nos metimos en oración muy profunda, y en lucha, para que el espíritu de drogadicción fuera atado en el Nombre de Jesús, en la vida de cierta persona. Oramos por él continuamente. Habíamos conocido a este individuo por un buen tiempo, y su situación tan trágica nos dolía muchísimo. Era una persona muy linda, que tenía reputación de ser un muy buen trabajador, ganando mucho dinero. Pero un día, escuché que se había metido con las drogas, y que estaba viviendo en las calles. Esto me dolió muchísimo, y me hizo luchar y llorar por él, debido a que parecía no tener control alguno sobre su vida. Había perdido todo respeto por sí mismo. En un punto, casi dejamos de orar por él, pero no lo hicimos. Yo sabía que tenía que seguir en esta lucha—no solo por él, sino también por muchos otros en esta tierra, que están batallando con esta misma fuerza demoníaca.

Mi corazón estaba seriamente lastimado, por la cantidad masiva de uso de drogas, y por el número de niños que están muriendo o que acaban en la cárcel. Tanta gente necesita saber que existe un camino de escape, y que Dios puede liberarlos del demonio de la drogas. Conozco muchos padres que tienen miembros de su familia, que están involucrados con las drogas, y eso es muy doloroso. Lastima a la gente en forma tan profunda, que necesitamos una sanidad masiva para las heridas tan profundas del abuso de drogas.

Una noche, a las seis de la tarde, yo tenía una lucha muy fuerte en el Espíritu por este hombre y por otros que están en drogas. Mientras oraba, un peso cayó sobre mi, acompañado por un dolor por toda esta gente joven. El Espíritu de Dios vino sobre mi, cerré mis ojos, y continué en esta lucha. Recuerdo que fui por un vaso de agua, y cuando miré el reloj, noté que era medianoche, pero todavía no recibía ninguna respuesta con relación a la carga que sentía en mi alma, para que estas almas se salvaran. Cuando el Señor coloca una carga sobre ti, para que ores por ciertas cosas, Él te da el poder del Espíritu Santo, para ver dentro del medio ambiente espiritual, y orar, hasta que recibamos una respuesta.

Me mantuve orando, y cuando fui otra vez por más agua, pude notar que la hora era cerca de las tres de la mañana, pero el Espíritu Santo todavía estaba sobre mí para que siguiera orando. Comencé a declarar la Palabra del señor, y a reposar en las promesas de Dios, tales como, *"Invócame en el día de la angustia; yo te libraré, y tú me honrarás"* (Salmo 50:15). Existe liberación en el Nombre de Jesús. Por fe, apliqué a la situación toda Escritura y versículo que me dio el Espíritu Santo, y declaré la victoria por el poder de Dios. (Favor de ver Job 22:28).

Por la mañana, pude ver el sol que subía por las colinas. Mi cuerpo estaba cansado, pero podía sentir el gozo del Señor. Oré por el poder de Cristo Jesús, que Dios contestara esta oración. De repente, tuve una visión muy poderosa. El cielo se abrió, y dos o tres ángeles estaban parados, fuera de las puertas del cielo. Tenían hojas de papel donde tenían enlistados los nombres de las gentes en la tierra. El ángel del señor me permitió poder entender que estas eran las gentes por quienes los otros intercesores y yo habíamos estado orando, que estaban sufriendo por las drogas, y todo tipo de adicciones.

Pude ver las puertas del cielo bien abiertas, y que de ella salían escuadrones de ángeles guerreros, montando caballos o manejando carruajes. Los ángeles eran como de diez metros de estatura, y tenían mandíbulas de acero, y ojos de fuego. Todo su cuerpo estaba adornado con una hermosa armadura hecha de bronce, cobre, y oro. En los lados tenían espadas tan largas como el tamaño de los hombres. Las espadas brillaban con flamas de fuego que se disparaban por ambos lados. Estos ángeles guerreros tenían ordenes de venir a la tierra y liberar a la gente.

Cuando vi la hermosura de su armadura, comencé a gritar y a alabar a Dios. La manera como veían, podían penetrar cualquier tipo de tinieblas. Yo sabía que el mundo necesita saber acerca del ejército de Dios—el ejército que está llamado a liberarnos en el día de la angustia.

Puse mi confianza en el Señor, y entonces, tuve una visión de diferentes partes de la tierra; pude ver los vecindarios más pobres, los parques, y las casas. Pude ver todo esto en colores; era como las escenas de un programa de televisión, que se estaba desarrollando delante de mis ojos.

Escenas de las situaciones de las gentes comenzaron a venir esporádicamente delante de mi; algunas de estas gentes estaban en los pasillos y callejones, siendo golpeados; otros estaban ebrios y cayéndose en el suelo; otros estaban en su casa sufriendo tragedias. Pude ver a un muchacho cerca de un basurero, y alguien lo estaba golpeando para matarlo con un tubo. No tenía camisa y estaba en el suelo, inconsciente. Yo no quise que él muriera, y me di cuenta que el hombre que lo estaba golpeando estaba poseído demoníacamente.

Cuando eres testigo de una situación tan devastadora como esta, tal vez

> Cuando oras, debes pedirle al Espíritu Santo que hable a través de ti, para que declares las palabras correctas.

te llegues a preguntar, ¿Cómo es que puedo orar por esto? Tú debes orar buscando la voluntad de Dios, y por medio del Espíritu Santo, debes declarar las palabras correctas. Entonces, te rindes a Dios, y permites que Su Espíritu ore a través de ti, mientras tú confías y crees en Él. Él es el Rey de reyes y Señor de señores, y cuando Él habla, Él ejercita la diligencia necesaria para que se realice.

A medida que esta imagen se desvanecía, pude

ver un escuadrón de ángeles que de repente llegaron a la tierra. Fueron hacia los pueblos y ciudades, a las calles, parques, y las casas de las gentes. Pude ver gentes que tenían formas negras que los envolvían, y que se veían como changos. Los ángeles arrebataban las manos de estos seres diabólicos, y los calcinaban. A medida que los ángeles quitaban estas criaturas de las gentes, las gentes temblaban y se sacudían, mientras que recibían su liberación. Los ángeles los tocaban, y ellos caían en sus rodillas, orando y clamando bajo la unción de Dios.

Hubo otras imágenes diabólicas que aparecieron en forma de ratas o de serpientes. Pude ver a uno de los ángeles que movía sus manos hacia un callejón, y los demonios eran quemados por completo y se convertían en cenizas.

A la vista de todo esto, me comencé a gozar, porque Dios me estaba mostrando Su poder de liberación. Me estaba recordando que si clamamos al Señor, y oramos para que la gente sea libre de sus pecados, Él va a enviar ayuda desde Su santuario.

El Señor continuó mostrándome instantes de Su poder en acción. Por ejemplo, un hombre estaba sentado en un banquillo de un bar, tomando. Los ángeles quitaron a un demonio que tenía sobre su hombro, y a otro demonio de su lado, mientras que un tercer demonio fue quitado de su boca. El hombre comenzó a sacudir su cabeza en incredulidad. Él preguntó, "¿qué me está pasando? ¿qué me está pasando?" Cuando salió del bar, el poder de Dios cayó sobre él. Comenzó a llorar y cayó sobre sus rodillas para ser salvo. Los poderes demoníacos le habían estado impidiendo que se entregara completamente a Cristo Jesús, pero ahora ya estaba libre.

El Señor, me reveló, "Tú estás viendo Mi poder liberador a través de la oración". Seguí viendo que la gente que estaba siendo liberada por los ángeles, a medida que eran liberados, todos ellos salían a las calles. Podía ver las figuras tenebrosas y las figuras en forma de sombras en sus piernas. Cuando los ángeles echaban fuera estas figuras de las gentes, las personas se sacudían y temblaban, mientras eran liberados.

La visión duró horas y horas, y el Señor dijo, "Va a haber una liberación poderosa en la tierra. Observa y ve". Era maravilloso ver al Señor liberando a todos estos cautivos. El Señor me indicó que escribiera la visión y que hablara de ello. Él quería que yo enfatizara el hecho de que Él es nuestro Libertador, y que nunca debemos rendirnos en la oración, ni perder las esperanzas, mientras estamos pidiéndole a Jesús que intervenga.

Cuando vi la Palabra de Dios en acción, comencé a comprender la necesidad extrema que tenemos de orar y de ordenarle a los espíritus malignos, que suelten a todos aquellos que tienen atados. Necesitamos entender que Dios puede cambiar el corazón y salvar el alma de cualquier persona. Le importamos demasiado a Dios.

En los siguientes meses de mi ministerio, mientras viajaba y predicaba acerca del infierno, y acerca de lo que Dios me había enseñado, mujeres y hombres jóvenes se me acercaban en la mesa de los libros, o en el altar de la iglesia donde estaba ministrando, y me compartían sus testimonios, que eran similar a este:

Hace unas semanas, fuimos sanados y liberados por el poder de Dios, Salí de este bar tan tomado, se me quitó la borrachera, caí en mis rodillas, y acepté al Señor.

Una y otra vez, me reportaron sus testimonios. Yo quiero que el mundo sepa que hay esperanza en Cristo Jesús. Él es nuestro Sanador y Libertador. Él me mostró visiones de Su Palabra liberando a los cautivos, mientras que el pueblo de Dios oraban y formaban un muro de protección alrededor de estas gentes, por quienes estaban orando.. debemos mantenernos orando y creyéndole a Dios por Su liberación en el Nombre de Jesús.

El Señor es mi roca, mi baluarte y mi libertador; mi Dios, mi roca en quien me refugio; mi escudo y el cuerno de mi salvación, mi altura inexpugnable. (Salmo 18:2)

ORACIÓN EN CONTRA DE LA FUERZAS INVISIBLES DEL MAL

Me siento bendecida, de haber sido capaz de ver

tantas manifestaciones en el ámbito espiritual, pero esto solo sucede cuando el Señor lo permite. Una vez, me estaba afligiendo acerca de los pecados de la gente, porque parecían no tener ninguna reverencia hacia Dios, y se estaban burlando de Él. Durante este tiempo, había estado buscando a Dios, para algunas respuestas con relación a ciertos asuntos. Mientras que salía de mi hotel una noche, al ponerse el sol, comencé a ver la gente que caminaba. Yo no tuve que predicar esa noche en especial, y el Señor me dijo, "Mira". Él abrió mis ojos para que yo viera un demonio caminando muy cerca de alguien, y le estaba hablando a esta persona. Dios me mostró otra persona que iba en una bicicleta, y tenía un demonio trepado y sentado sobre su hombro. Pude ver gentes con demonios agarrados de sus piernas, y los individuos estaban cojeando. Los demonios estaban agarrados alrededor de los brazos de otros, y sus brazos estaban vendados. El Señor me dijo que el enemigo había hecho esto. El diablo había causado aflicciones, dolor en los corazones y mucho sufrimiento. Entonces, el Espíritu del Señor me instruyó, diciendo, "hija, ora por esta gente". Regresé a mi cuarto en el hotel y oré por ellos. Por varios días, a la hora en que se pone el sol, yo podía ver estos espíritus en los aeropuertos. A través de todo el año, una y otra vez, yo podía ver estas cosas otra vez, y yo seguía orando. La gente no sabía que eran los malos espíritus, los que causaban todas estas aflicciones. Ellos no podían verlos, y yo no hubiera podido verlos, de no haber sido que Dios me permitió observarlos en el Espíritu.

En un servicio, en una iglesia donde me encontraba ministrando, el Señor me reveló a una persona, y llamé a este individuo para orar por él. Mientras oraba por él, Dios me permitió ver su completa liberación, justo enfrente de mis ojos, a medida que era liberado de la atadura que había gobernado su vida. Por años, este joven había sido atado por potestades demoníacas, pero en un solo instante, el Espíritu Santo del Señor lo había liberado.

Dios me ha dado el espíritu de sanidad cuando oro por la gente. He sido testigo de testimonios milagrosos pro todas partes, especialmente en otros países. He podido ver como Dios crea células nuevas para el cerebro.

Una vez, estaba orando por una niña pequeña, que estaba tan enferma, que no podía siquiera sostener su cabeza en alto. El Señor me mostró que había una serpiente enredada alrededor de su cuello, y me instruyó para que orara en el Espíritu Santo. A medida que yo oraba, vi como los ángeles quitaban ese espíritu demoníaco de ella. Entonces, le pedí a Dios que restaurara su cuello, para que pudiera sostener su cabeza en alto.

En otras ocasiones, he visto un espíritu maligno sobre los intestinos de alguna persona, y cuando lo eché fuera, el individuo fue sanado. O también he visto manchas negras en el pulmón de una persona. Este era un espíritu de enfermedad que se había adherido, y lo eché fuera en el Nombre de Jesús. Solo por medio del Nombre de Jesús y de Su misericordia es que estas cosas son reveladas, para ayudar a la humanidad.

Mucha gente de forma consciente sufren de enfermedades y dolencias que vienen de las puertas o portales del infierno para hurtar, matar y destruir. (Favor de ver Juan 10:10). Esta es la razón porque el poder de atar y de soltar debe ser enseñado, y se debe actuar, basado en ello, con el poder y la autoridad en el Nombre de Jesús.

> **Se debe enseñar el poder de atar y de soltar en el Nombre de Jesús, y se debe actuar, basado en ello.**

Una de las visiones más memorables que he tenido, involucraba la sanidad de un muchacho de 10 años de edad, hace muchos años. Este muchacho era el mejor amigo de mi hijo en ese entonces. Él era diabético, y algunas veces yo ayudaba a cuidarlo. Hubo un momento en que él se enfermó muy gravemente y entró en un coma diabético. Mientras estaba sentada en el cuarto del hospital, al lado de la cama de este muchacho, yo estaba orando continuamente, y ayunando también. De repente, Dios abrió mis ojos, para que yo pudiera ver la parte superior de su cabeza, y pude ver una forma como de escorpión transparente que estaba en ella. Sus tentáculos estaban aferrándose a este muchacho, y tenía la cabeza del niño en su boca. Seguí orando y reprendiendo al diablo, y el Espíritu del Señor me habló y me dijo, "Voy a enseñarte cómo orar en esta situación. Este es un demonio de diabetes. Este es un espíritu demoníaco de escorpión, que fue enviado a la tierra para destruir a las gentes. Te voy a dar la autoridad sobre el poder de este escorpión".

Mientras miré, me pude dar cuenta de la crueldad de esta fuerza diabólica. Yo no sabía nada acerca de este espíritu maligno, pero comencé a orar por la vida, el poder y la sangre de Cristo Jesús. Le pedí a Dios, en el Nombre de Jesús, que soltara estos tentáculos de este muchacho, y que el demonio se fuera. Cuando hice esto, el cuarto se llenó de ángeles. Tenían un rollo de escritura y de la Palabra de Dios, y comenzaron a quitar los tentáculos. Observé esta gran liberación que estaba sucediéndole a este muchacho, y comencé a alabar a Dios. Mientras quitaban esta cosa del niño, vi que los ángeles pusieron una cadena alrededor de ello, y lo sacaron por la ventana, hacia el cielo—muy lejos, hacia los "lugares secos". (Favor de ver Mateo 12:43; Lucas 11:24).

Miré otra vez a este muchacho, y él sacudió su cabeza, regresando del coma en que había estado. El Señor dijo, "Ahora, ora por su restauración—para que los niveles de azúcar sean restaurados, y que el páncreas sea sanado". Él me estaba instruyendo qué hacer, y cómo orar por este muchacho, y yo me sentía muy gozosa, de que Él me había escogido para orar por él y poder verlo salir de este coma. Cuando las enfermeras entraron, yo continué orando silenciosamente, y dándole gracias a Dios por el milagro que había sucedido.

Yo, el Señor, Soy tu Sanador. (Éxodo 15:26)

Otra visión que yo tuve relacionada con el reino de las tinieblas, sucedió hace muchos años. Era un tiempo en que yo había estado mucho en oración, el Señor me mostró las galaxias. Él me mostró al príncipe de la potestad del aire, y la forma como los demonios obstaculizan nuestras oraciones, tal y como lo leemos en el libro de Daniel. (Favor de ver Daniel 10:1–14). Él comenzó a revelarme la necesidad de contar con un plan estratégico, para poder incorporar la oración a nuestra vida. Si no sabemos como orar, debemos pedirle a Dios que nos enseñe. Jesús nos ha bendecido, dándonos dominio en Su Nombre, y podemos comenzar a ver la manifestación de este dominio, cuando Lo buscamos a Él diligentemente en oración.

> Si no sabemos como orar, debemos pedirle a Dios que nos enseñe.

En una de mis visiones de ángeles peleando en contra de los poderes demoníacos, parecía que algunos de los ángeles eran derrotados, y habían, de alguna manera, quedado atados por las mismas cadenas. Comencé a ver esto y a orar, y durante meses, me involucré en una lucha profunda. Mientras oraba, pude ver una visión de estos ángeles que centelleó frente a mis ojos. Algunos estaban tratando de pelear por nosotros y de protegernos. Estaban siendo atacados por el demonio más grande que jamás he visto, y la batalla estaba siendo peleada ferozmente, entre los espíritus demoníacos y los ángeles de Dios. Comencé a declarar la Palabra del Señor, tal y como el Espíritu Santo me estaba dirigiendo.

Meses más tarde, estaba en una lucha profunda, y un pastor y yo estábamos compartiendo la Palabra de Dios, cuando de repente, esta visión regresó en forma muy fuerte y muy vívida. Parecía un panal muy grande con varios compartimentos. Estaba revoloteando sobre la tierra, y los demonios estaban sellando algo dentro de cada uno de los compartimentos. Extrañada, yo pensé, Dios, ¿qué es esto? Mientras seguí orando y declarando la Palabra de Dios, pidiéndole a Dios por liberación. Entonces, vi ángeles que llegaron y rompieron esos compartimentos sellados, y rescataron a los ángeles que habían sido capturados por estas criaturas demoníacas. El Señor liberó estos ángeles que habían estado en guerra contra el diablo, mientras que otro grupo de ángeles que eran más grandes y más fuertes, vinieron para destruir estos poderes demoníacos por millares. Debemos darnos cuenta que estamos peleando en contra de fuerzas muy poderosas, pero tenemos la victoria en el Nombre de Jesús, si nos mantenemos en oración.

El Secreto para las Oraciones Contestadas

Dios me ha permitido testificar muchas cosas maravillosas, a través del Espíritu Santo. Muchos años antes de que yo comenzara a compartir mis visiones del infierno y de los ángeles, el Señor se me apareció, y fui con Él. Me mostró varias ciudades y pueblos, y a medida que Él dejaba caer bolas de fuego encima de ellas, el avivamiento comenzaba a darse en cada una de ellas.

Una vez, estaba yo en cierta ciudad, y había estado orando por el mover del Espíritu Santo en ese lugar. En una visión, vi las calles de la ciudad y los lugares montañosos. Desde los lugares montañosos, vino la gloria de Dios fluyendo como un río—un río viviente, pasando sobre los árboles y las colinas. Entonces, fluyó sobre ciertas casas, y en cada uno de estos hogares se iba a dar un gran avivamiento.

> Dios quiere que oremos para que la salvación y la sanidad se manifiesten alrededor del mundo.

La gente estaba durmiendo en sus camas, y los ángeles iban y los despertaban; estas gentes saltaban de la cama y comenzaban a orar. Yo pude ver otras personas, sin embargo, que siguieron durmiendo, aún cuando los ángeles trataron de despertarlos. Los ángeles tocaban a su puerta, pero nadie contestaba.

Sin embargo, vi un gran avivamiento en esa ciudad, y alabé al Señor.

Dios quiere que oremos para que la salvación, el avivamiento, la liberación y la sanidad se manifiesten a través de toda la nación y alrededor de todo el mundo. El secreto para poder testificar los milagros no es un gran secreto. Simplemente se requiere tener fe en Dios, para hacer lo que le has pedido en tu momento de necesidad.

Las Escrituras nos dicen que después que Jesús había viajado de Betania a Jerusalén, estaba muy hambriento. Vio un árbol de higuera a la distancia, se acercó a él, pero no encontró fruto alguno en sus ramas. Jesús de inmediato maldijo a la higuera diciendo: *"Nunca nadie coma fruto de ti para siempre"* (Marcos 11:14). A la mañana siguiente, cuando Jesús y Sus discípulos pasaron por la misma higuera, Pedro se asombró, cuando notó que el árbol de higuera se había secado, y lo trajo a la atención de Jesús: *"Entonces Pedro, acordándose, le dijo: Rabí, mira, la higuera que maldijiste se ha secado"* (v. 21). Pedro estaba sorprendido, pero Jesús no estaba nada asombrado. Él sabía que Su Palabra era verdad, y que era incapaz de fallar en hacer lo que Él había mandado. Jesús simplemente le contestó a Pedro, *"Tened fe en Dios"* (v. 22). Entonces, le recordó a Pedro que todos los creyentes tienen este mismo poder. (Favor de ver versículos 23–24).

Cuando creemos en Dios sinceramente, nuestra

fe puede mover montañas. Sea que estés orando por ti mismo o por otros, no puedes permitir que nada dañe tu fe en Dios, porque si lo haces, vas a obstaculizar tus oraciones, y a retrasar la liberación.

Respondiendo Jesús, les dijo: En verdad os digo que si tenéis fe y no dudáis, no sólo haréis lo de la higuera, sino que aun si decís a este monte: "Quítate y échate al mar", así sucederá. Y todo lo que pidáis en oración, creyendo, lo recibiréis. (Mateo 21:21–22)

POR QUÉ LAS ORACIONES A VECES NO SON CONTESTADAS

Además de una falta de fe, existen otras razones para las oraciones sin contestación, incluyendo lo siguiente.

El Tiempo Equivocado

Sin importar qué tanto tu crees, si no está en el tiempo de Dios, no vas a ver la manifestación de lo que pediste. Vas a necesitar esperar, hasta que Dios decrete que es el tiempo correcto para traer la respuesta. Es durante este tiempo de espera, que mucha gente se siente frustrada y se rinde, aún, cuando muchas veces están solo a la orilla de la realización de sus milagros. Dios no siempre revela la respuesta de inmediato, pero esto no significa que Él no ha contestado la oración.

Cuando Jesús maldijo al árbol de la higuera, no fue sino hasta la mañana siguiente, que Pedro notó que se había secado; sin embargo, el árbol estaba maldito desde el primer momento en que Jesús declaró la palabra. De nuevo, aunque no veas la respuesta a tu oración, esto no significa que las promesas de Dios no se han cumplido. Sigue creyendo, sin importar lo que veas en lo natural, y muy pronto, vas a testificar la manifestación física de tu petición. *"Ahora bien, la fe es la certeza de lo que se espera, la convicción de lo que no se ve"* (Hebreos 11:1).

Falta de Perdón en Contra de Otros

A través de toda la Palabra de Dios, el Señor nos advierte de los impedimentos que vamos a tener, cuando mantenemos resentimientos en contra de otras personas, y no los perdonamos.

> *Por eso os digo que todas las cosas por las que oréis y pidáis, creed que ya las habéis recibido, y os serán concedidas. Y cuando estéis orando, perdonad si tenéis algo contra alguien; para que también vuestro Padre que está en los cielos os perdone vuestras transgresiones.* (Marcos 11:24–25)

Antes que podamos ver de lleno la manifestación de la gloria y poder de Dios, debemos, *"Por tanto, puesto que tenemos en derredor nuestro tan gran nube de testigos, despojémonos también de todo peso y del pecado que tan fácilmente nos envuelve, y corramos con paciencia la carrera que tenemos por delante"* (Hebreos 12:1)—incluyendo todo tipo de amarguras y resentimientos.

Oraciones Medio Sinceras

Si no oramos, o si oramos con un corazón que no es 100% sincero, no podemos esperar recibir nada.

La oración eficaz del justo puede lograr mucho. (Santiago 5:16)

Gozándoos en la esperanza, perseverando en el sufrimiento, dedicados a la oración. (Romanos 12:12)

CÓMO ORAR

Mucha gente quiere saber cómo deben orar. No es necesariamente lo largo de la oración lo que cuenta. Jesús dijo, *"Y al orar, no uséis repeticiones sin sentido, como los gentiles, porque ellos se imaginan que serán oídos por su palabrería"* (Mateo 6:7). Al contrario, es la calidad de la oración, lo que hace que Dios ponga atención. Jesús dijo como entrar a la presencia de Dios, por medio de cinco elementos básicos en Su modelo de oración, que se ha venido a llamar el Padre Nuestro.

1. **Adoración:** *"Padre Nuestro, que estás en los cielos, santificado sea tu Nombre"* (v. 9).

2. **Orando la voluntad del Padre Celestial:** *"Venga tu reino. Hágase tu voluntad, así en la tierra como en el cielo"* (v. 10).

3. **Pidiendo al Padre que supla nuestra necesidad**: *"Danos hoy el pan nuestro de cada día"* (v. 11).

4. **Arrepentimiento / Perdón:** *"Y perdónanos nuestras deudas, como también nosotros hemos perdonado a nuestros deudores"* (v. 12).

5. **Santidad:** *"Y no nos metas en tentación, mas líbranos del mal. Porque tuyo es el reino y el poder y la gloria para siempre jamás. Amén"* (v. 13).

Es igualmente importante mantener estos componentes vitales en mente, cuando conducimos una batalla espiritual. La guerra espiritual está tomando autoridad sobre cualquier cosa que te está impidiendo, o que está obstaculizando y atando el objetivo de tu oración. No es la excelencia del lenguaje, ni las payasadas físicas que hagamos para invocar el poder y la unción de Dios, sino la habilidad que tú tengas, para invocar la presencia de Dios, por medio de la vigilancia de la oración efectiva.

> Para poder estar preparado para la batalla, debes estar en buena relación con Dios.

La unción de Dios destruye todo tipo de yugos.

(Favor de ver Isaías 10:27). Dios nos advierte que no debemos entrar en la batalla espiritual al azar y sin orden alguno: debemos prepararnos adecuadamente para la batalla. *"No impongas las manos sobre nadie con ligereza, compartiendo así la responsabilidad por los pecados de otros; guárdate libre de pecado"* (1ª Timoteo 5:22). *"Revestíos con toda la armadura de Dios para que podáis estar firmes contra las insidias del diablo"* (Efesios 6:11). Aquellos que están preparados para la batalla, están en una correcta relación con Dios. Están portando su armadura espiritual, y tienen la unción del Espíritu Santo. Estos son los que son efectivos para exponer los engaños de satanás, cerrando puertas y portales al infierno, y liberando a los cautivos.

La Función del Ayuno Durante la Guerra Espiritual

Finalmente, debemos darnos cuenta que tal vez, vamos a necesitar ayunar y orar, cuando nos involucremos en la guerra espiritual para la liberación. Una vez, cuando los discípulos de Jesús Le preguntaron, por qué no habían podido echar fuera cierto demonio, Jesús les contestó, *"Pero esta clase no sale sino con oración y ayuno"* (Mateo 17:21).

Además de orar y de estudiar la Palabra de Dios, ayunar es una parte vital de la experiencia de un cristiano. Durante un ayuno, el espíritu del hombre se entrega de una manera muy especial para escuchar del

Señor, por medio de la negación de los alimentos. Al negar la carne, por medio el ayuno, nos puede ayudar a mantener la pureza y el poder de nuestra relación con Dios. Muy seguido, escuchamos más de Dios, y aprendemos más de Él y de Sus caminos, a través del ayuno, que de cualquier otra forma.

Jesús nos enseñó la manera correcta para ayunar:

> *Y cuando ayunéis, no pongáis cara triste como hacen los hipócritas; porque ellos desfiguran sus rostros para que los hombres vean que están ayunando. En verdad os digo que ya han recibido su recompensa. Pero tú, cuando ayunes, unge tu cabeza y lava tu rostro, para no hacer ver a los hombres que ayunas, sino a tu Padre que está en secreto; y tu Padre, que ve en lo secreto, te recompensará.*
>
> (Mateo 6:16–18)

Sin lugar a dudas, aunque nuestros cuerpos parecen estar débiles cuando ayunamos, nuestro espíritu se fortalece, y se acerca más a Dios. El ayuno intensifica la fe del creyente, y lo equipa mucho más con el poder necesario para poder combatir las maldades espirituales en los aires. Aunque el Señor Cristo Jesús ya derrotó al diablo por nosotros, el ayuno nos da la revitalización espiritual que necesitamos, para caminar en la victoria que el Señor hizo posible para nosotros.

El ayuno no solo abre nuestro espíritu para oír de Dios, pero también es un acto de adoración. Al abstenerse de la comida, para acercarnos más a Dios, es un sacrificio muy íntimo que Le damos, y que Dios acepta con mucha gracia.

Cuando ayunamos, debemos estar preparados para enfrentar retos. Tal vez experimentemos la resistencia de la carne y del enemigo. Algunas veces, va a parecer que mientras más busquemos a Dios, más ataques se van a venir en contra de nosotros. Por ejemplo, puede ser una lucha interna, para mantener el sacrificio, mientras que al mismo tiempo, escuchamos la voz de Dios. Acaso no has notado, por ejemplo, que cuando vas a ayunar, aun si por costumbre no comes mucho, ¿lo único que comienzas a pensar es en comida? Tal vez, también experimentes otro tipo de distracciones o interrupciones. Debemos estar conscientes de todos estos retos y prepararnos para ellos.

El propósito del ayuno no es mostrar a otros que tan espirituales somos. Es un verdadero sacrificio, solo cuando nuestros motivos para hacerlo, son los adecuados. Pero a medida que ofrecemos este sacrificio a Dios en secreto, Jesús dice que el Padre Celestial nos recompensará en público.

Y de la misma manera, también el Espíritu nos ayuda en nuestra debilidad; porque no sabemos orar como debiéramos, pero el Espíritu mismo intercede por nosotros con gemidos

> *indecibles; y aquel que escudriña los corazo-*
> *nes sabe cuál es el sentir del Espíritu, porque*
> *El intercede por los santos conforme a la vo-*
> *luntad de Dios.*   (Romanos 8:26–27)

Podemos orar y ayunar por la liberación de nuestros seres queridos y amigos. En Su justicia, Dios desea salvar hogares completos. Esa es Su promesa, y Él ha mantenido Su promesa para conmigo en este sentido: *"Cree en el Señor Jesús, y serás salvo, tú y toda tu casa"* (Hechos 16:31).

Cuando tu corazón es puro delante del Señor, y cuando clamas Su Nombre, orando por otros, Él destruirá los poderes demoníacos que los estén atacando. Tú puedes tomar dominio sobre las fuerzas demoníacas y ordenarles que se vayan. Tú puedes tomar autoridad sobre *"el hombre fuerte"* (favor de ver, por ejemplo, Mateo 12:29), derribándolo y poniéndolo debajo de tus pies, en el Nombre de Jesús.

> *Y todo lo que pidáis en oración, creyendo, lo*
> *recibiréis.*   (Mateo 21:22)

9

LIBERACIÓN A TRAVÉS DE LA PALABRA

Aunque vivimos en tiempos problemáticos y mucha gente está siendo oprimida por el enemigo, yo he decidido esto: sin importar lo que hagan las presentes y futuras generaciones, yo voy a predicar la verdad de la Palabra de Dios, tan fuertemente, que se va a necesitar una audiencia—tanto de aquellos que están buscando la verdad, como de aquellos que todavía están en rebeldía—para que todos sepan como escapar de los engaños de Satanás.

La Palabra de Dios tiene el poder para liberar a las gentes:

Porque la palabra de Dios es viva y eficaz, y más cortante que cualquier espada de dos filos; penetra hasta la división del alma y del espíritu, de las coyunturas y los tuétanos, y es poderosa para discernir los pensamientos y las intenciones del corazón. (Hebreos 4:12)

LA VERDAD DE LA PALABRA DE DIOS
TE HACE LIBRE

Mientras más pongas atención a la verdad de Dios en las Escrituras, y las recibas, como un componente aplicable a tu vida, más tendrán que huir los malos espíritus, para dar lugar a las bendiciones de Dios en tu vida. He podido ver los ángeles de Dios destruyendo a los espíritus demoníacos, cuando estos intentaban venir en contra de los hijos de Dios. Dios vigila sobre ti, cuando tú clamas por la Sangre de Cristo Jesús, y declaras el Nombre de Jesús sobre tu vida.

Guarda la Palabra de Dios en tu corazón, y la paz de Dios, que sobrepasa todo entendimiento humano, te llenará por completo. Sin importar qué tipo de armas demoníacas estén en contra de ti, cuando tú sabes como reprender al diablo, en el Nombre de Jesús, esas armas del enemigo no podrán prosperar. Déjame darte un ejemplo de esto.

Un joven había estado muy atribulado y muy torturado por un demonio, cada vez que entraba a su recámara, desde que era pequeño. En su primer año en la universidad, se encontró a un grupo de gente, hablando acerca de las esferas, que son unas bolas translúcidas de fuego, que tienden a parecer en lugares embrujados. Este grupo de gente le dijo que los "buenos espíritus" se aparecen a las gentes durante las noches, para darles estas esferas de fuego, y que en el año 2012, iba a haber un cambio en el reino espiritual, que iba a beneficiarlos. Encontré que esta forma de doctrina está siendo predicada por todo el mundo. Este es un plan demoníaco que está siendo alimentado por los poderes diabólicos.

Otro caballero, que es un cristiano, oró por este joven estudiante, para que quedara libre de todas las influencias de estos demonios y potestades. Después de orar por este estudiante, el demonio que había visitado a este joven desde su niñez, se manifestó otra vez. Fue a su recamara a darle una de estas bolas de fuego. Pero cuando la bola de fuego entró en su cuarto, esta vez, el estudiante la reprendió de acuerdo a la Palabra de Dios, para recibir liberación. Una vez que pudo conocer la verdad, y que la recibió, la Palabra de Dios lo liberó de inmediato.

> *Y conoceréis la verdad, y la verdad os hará libres.* (Juan 8:32)

Muchos de nuestros jóvenes están atrapados en ritos y doctrinas satánicos. Creen que está bien jugar con los espíritus diabólicos, como una forma de ser aceptados por sus compañeros de escuela. Pero este es un engaño, que viene de las puertas del infierno. Ya sea que te denomines un brujo o bruja blanco o negro, es una abominación para Dios, porque las brujas y los hechiceros buscan llamar a los demonios, y a todo tipo de maldad, a fin de invocar y poder imponer la manifestación de su voluntad en la vida de otras gentes.

Estas son las cosas que el Dios Todopoderoso está

exponiendo hoy en día, porque Él quiere que tu conozcas que Su Palabra te puede ayudar en cualquier situación—aun para ser liberado de las ataduras satánicas, y de las potestades que te han estado debilitando por años.

REVELANDO LA VERDAD

Cuando Dios llama a alguien para que sea Su profeta, él o ella debe pasar por diversos períodos de pruebas. Puede tratarse de una prueba de obediencia, o de una prueba que al final de cuentas, va a revelar la verdad y el poder de la Palabra de Dios. En cada situación, la persona debe creer en la Palabra de Dios, sin importar lo que esté sucediendo alrededor de él o de ella.

Después que Dios me llamó y me colocó en el ministerio, paso un tiempo, antes que Él me revelara la inequívoca realidad del infierno. Pero después de esa ocasión, yo podía ver periódicamente una visión de un dragón. Cada año, por dieciséis años, durante un período de profunda oración y luchas delante de Dios, esta imagen solía aparecer, y yo sabía que había muchas batallas que se estaban librando.

Un relato que involucraba un dragón de siete cabezas se encuentra en el libro de Apocalipsis. Describe como los ángeles de Dios pelearon contra el dragón, que estaba en espera, para poder devorar al niño que la mujer iba a dar a luz. Las Escrituras describen la victoria sobre este gran dragón, revelando la protección de Dios, Sus muchas bendiciones, y la forma como Jesús vela por los inocentes. (Favor de ver Apocalipsis 12:1–11).

En mis visiones del dragón, esta bestia tenía colmillos como una serpiente, pero su cola era de dragón. Sus siete cabezas estaban conectadas a siete cuellos muy largos que se extendían hasta las galaxias. He llegado a creer que el dragón con siete cabezas representa las falsas enseñanzas en contra de nuestro Señor y Salvador, y la guerra que experimentamos, al tratar de compartir la Palabra de Dios a Su pueblo.

> La Palabra de Dios puede liberarte de las potestades que te han estado atrapando por años.

Estando en una lucha profunda contra las religiones falsas y las enseñanzas falsas que contradicen la Palabra de Dios, llegué a tener parte de esta visión, y comencé a entender que el dragón representa siete reinos mayores que vienen en contra de la Palabra del Señor. Oré en el Espíritu Santo, reprendiendo los poderes de las tinieblas, y atando y soltando. Mientras lo hacía, enormes ángeles vinieron del cielo y ataron a esta bestia con una cadena muy poderosa, y hubo una tremenda batalla. Entonces, de repente, la visión se desvaneció.

Cuando vi este dragón en los aires, su cuello se extendía para atacar algo en mi ministerio. Yo sabía que era *"el príncipe de la potestad del aire"*, los gobernadores de tinieblas diabólicas, y las maldades espirituales en los aires. (Favor de ver Efesios 2:2; 6:12). A través de la revelación de Dios, pude entender que esta era la guerra a la que Él se refiere en las Escrituras, y que debemos usar el Nombre de Jesús, para atar al diablo, y para poner estas cosas debajo de nuestros pies.

El Espíritu Santo comenzó a enseñarme como pelear en contra del enemigo. Los ataques contra mi ministerio siempre parecían manifestarse semanas antes de que yo tuviera esta visión de la guerra, que se estaba dando en los cielos. Habían ataduras y obstáculos financieros, enfermedades, y otro tipo de situaciones. Pero, a medida que nos mantenemos firmes, y proclamamos la Palabra del Señor, pude ver la Palabra de Dios en acción. Yo pude ver literalmente como Sus ángeles venían y peleaban por nosotros. Vi un libro abierto, y de ese libro, salía la Palabra del Señor, que se transformaba en una espada de dos filos. Los ángeles peleaban contra los poderes demoníacos, una y otra vez, atándolos con cadenas, y llevándolos a los lugares de las tinieblas.

Cuando busqué consejo del Señor acerca de esta visión, poco tiempo después tuve otra visión que incluía a este dragón de siete cabezas. Vi el mundo, y un par de balanzas de justicia. Un extremo de la balanza de justicia estaba siendo atacado por una enorme serpiente. Parecía que había un peso injusto en esta balanza, y yo no sabía qué era lo que estaba deteniendo el brazo de la balanza. Seguí mirando esta visión, quien sostenía la balanza se volteó contra el mismo diablo.

Mientras más busqué el rostro del Señor, pude entender que el enemigo estaba trayendo balanzas falsas y mucho engaño a nuestra vida, porque su misión es esparcir mentiras y mucha hipocresía. El diablo está trayendo muchas cosas a nuestra vida para voltear las balanzas de justicia en contra de nosotros, y yo sabía que tenía que orar, para atarlo y traer reposo.

Descubriendo los Engaños

Tal y como vimos en el capítulo uno, mucha gente, especialmente de las generaciones más jóvenes, están siendo absorbidas por estas influencias paganas de las religiones falsas. Estas falsas religiones, se disfrazan en la forma de ayuda personal para uno mismo, auto-ayuda, auto-consciencia, y diversas avenidas para experimentar la realización personal; pero su resultado final es el hecho de esparcir engaño en forma general.

Algunas falsas doctrinas enseñan que no necesitamos a Dios, y que todo lo que necesitamos está dentro de nosotros mismos. Otras doctrinas se basan en imágenes hechas por los mismos hombres, como su fuente de realización; y enseñan la adoración de ídolos. Nuevamente, cualquier cosa que tome tu atención más que Dios para tu adoración es un ídolo. Mucha gente ha sido seducida por este tipo de enseñanzas de doctrinas satánicas, pero Dios es muy claro, con relación a Su opinión de la adoración de ídolos.

Pues no adorarás a ningún otro dios, ya que el Señor, cuyo nombre es Celoso, es Dios celoso. (Éxodo 34:14)

Servimos a un Dios que no permite que nada ni nadie se ponga en el camino de la adoración que muy justamente solo Le pertenece a Él. Sin importar cuantas doctrinas podamos estudiar, que promueven otros dioses, el Señor pone muy claro que no debemos "adorar a ningún otro dios". Rechazar este mandamiento es darle la espalda a tu Creador y Salvador.

> **Servimos a un Dios que no permite que nada ni nadie, robe la adoración que solo Le pertenece a Él.**

Vivir sin Dios trae un desequilibrio en la vida de las gentes, que solo puede ser corregido por medio del arrepentimiento y aceptación de Cristo Jesús como Señor y Salvador.

El dragón con siete cabezas lucha contra la verdad de la Palabra de Dios, pero Dios es el Vencedor. Como embajadores del Evangelio (favor de ver 2ª Corintios 5:20), debemos hablar la verdad de Dios, e involucrarnos en la guerra espiritual, por medio de ordenarle al diablo que suelte a toda esa gente. Para poder ayudar a que las gentes vengan a Cristo Jesús, tenemos que luchar en contra de las enseñanzas falsas. Estas enseñanzas nunca te van a decir que necesitas nacer de nuevo; muy raramente te advierten del comportamiento negativo, y no te revelan el hecho de que si clamas el Nombre del Señor, Él te salvará. Esconden el hecho de que no importa lo que tú hagas, el amor de Dios te puede alcanzar, salvarte, sanarte, y liberarte; que Dios Todopoderoso está ahí para consolarte y guiarte. Si tú clamas a Él, Él te contestará. Él te ama y quiere liberarte del diablo.

En mi visión del dragón con siete cabezas y la balanza de la justicia, pude notar que los ángeles de Dios peleaban en contra de satanás con espadas. Vi la Palabra de Dios en acción, y los ángeles tomaron la balanza y se la quitaron al diablo. Cuando la tomaron, vi algo que se parecía a una pelota redonda en uno de los extremos de la balanza, pero a medida que vi más de cerca, pude notar que era la tierra. Entonces, vi que los ángeles abrieron una puerta que estaba sobre la tierra. Cuando la abrieron, el Señor puso Su mano dentro y jaló desde las raíces, todo tipo de pecados y perversidades que estaban adheridas a las raíces. Toda cosa malvada que te puedas imaginar se estaba adhiriendo a estas raíces, que Dios estaba jalando del centro de la tierra. Dios estaba destruyendo los siete reinos principales de dioses falsos.

Esta guerra en contra de este dragón fue sumamente importante para el bienestar del pueblo de Dios. Escuché al Espíritu de Dios decir que hay siete poderes principales de maldad, que luchan junto con este dragón. Así que comencé a orar y a tomar dominio sobre ellos. Les ordené que fueran atados, y también les ordené que cualquier cosa que estaban tratando de destruir, fuera soltada en el Nombre de Jesús. Se estaba dando una batalla profunda en contra de la manipulación y del pecado en la tierra—en contra del robo, odio, amargura, y todo tipo de maldad.

Realmente tocó mi corazón, por que yo sabía que Dios estaba peleando esta batalla. Él quería restaurar el corazón de los padres hacia los hijos, y el corazón de los hijos hacia los padres. (Favor de ver Malaquías 4:6; Lucas 1:17). Fue muy emocionante conocer que Dios estaba peleando a nuestro favor. Yo sabía que el desequilibrio de la balanza representaba los dioses falsos que se han levantado sobre la tierra para enseñarnos mentiras. Pude ver que las balanzas de la justicia se nivelaron, y supe que Dios iba a intervenir en esta tierra, para restaurar la verdad y los milagros que habían sido robados de todos nosotros.

Estoy muy contenta de poder anunciar al mundo entero, que los poderes de las tinieblas tienen que obedecer, de acuerdo al poderoso Nombre de Cristo Jesús, y por la Sangre que Él derramó.

10

JESÚS, NUESTRO LIBERTADOR

LA IRA DE SATANÁS EN LOS ÚLTIMOS TIEMPOS

De la misma forma como existe un lugar real llamado infierno, así también existe un lugar real llamado Cielo. Las puertas de cada uno de estos lugares dirigen a consecuencias muy diferentes. Las puertas del infierno llevan al tormento, al dolor y al horror, que son eternos. En contraste, las puertas del cielo llevan a la justicia, paz y gozo. Llevan a la ciudad celestial, que no tiene necesidad de sol, porque la luz de Dios la ilumina y revela su gloria. (Favor de ver Apocalipsis 21:23). Cada una de las doce puertas del cielo, esta hecha de una hermosa perla, y ellas le dan la bienvenida a los hijos de Dios, cuando entran a la ciudad de oro. (Favor de ver el versículo 21).

Mientras que todavía tenemos tiempo, debemos responder a la provisión de Dios, para salvación y perdón en Cristo Jesús. Aquellos que rechacen la oferta de Dios, y que permanezcan vivos al final de estos tiempos, van a experimentar terror, tanto en la tierra como en el infierno. Durante una de mis visiones del infierno, Jesús me dijo, "Quiero mostrarte lo que va a venir sobre la tierra, cuando la iglesia sea quitada".

Vendrá un tiempo, cuando Dios va a remover la iglesia de la tierra, y va a tomar Su pueblo para Si Mismo. Con la remoción de la iglesia, el impedimento del Espíritu Santo para el enemigo y para sus fuerzas infernales será quitado también. (Favor de ver, por ejemplo, 1ª Tesalonicenses 4:15–16; 2ª Tesalonicenses 2:1–12). Entonces, satanás va a derramar de lleno, toda su ira sobre la gente del mundo, antes del regreso de Cristo Jesús.

En esta visión, el Señor me permitió vislumbrar como va a ser la ira del enemigo en esos tiempos. Mientras caminaba con el Señor, pude oír un sonido horrendo. Nos detuvimos, vi hacia abajo por un túnel. Era curvo y redondo, como un túnel del tren subterráneo. Más adentro del túnel, podía ver fuego saliendo hacia nosotros, rugiendo como si fuera un tren. Cuando el fuego estaba como a 15 metros de nosotros, se detuvo de repente.

Las flamas estaban cubriendo un objeto, y cuando vi este objeto más de cerca, me di cuenta que era una serpiente gigantesca, más grande que una locomotora. Abrió su boca y una enorme lengua salió de ella. Vino a pocos metros del Señor, y antes de llegar a Él, se detuvo y volvió a enredarse en lo profundo del túnel. Continuó acercándose y retirándose, mientras que las flamas salían de su boca, con muchos rugidos.

"Oh Señor" le pregunté, "Qué es eso?" Él me contestó, "Esta serpiente será soltada sobre la tierra cuando mi iglesia haya sido levantada".

Observando esto, me puse a pensar, necesitamos arrepentirnos de nuestros pecados y acudir a Cristo Jesús más fuertemente que nunca. Necesitamos preparar a la gente, por medio de las Buenas Nuevas del Evangelio, y advertirles de la ira venidera, antes que sea muy tarde para ellos. Dios no quiere que el engaño del diablo lleve a la gante a experimentar la muerte eterna.

Debemos ser sabios para poder discernir los engaños de Satanás, y darnos cuenta de que existe un precio que pagar, al morir sin haberse arrepentido delante de Dios.

> Debemos compartir la Buenas Nuevas del Evangelio, y advertirle a la gente de la ira venidera, antes que sea demasiado tarde.

Auque muy frecuentemente pasamos por problemas y retos en la vida, nunca podemos permitir que estas dificultades nos asusten lo suficiente, para rendirnos y abandonar a nuestro Amoroso Padre Celestial.

"Porque por gracia habéis sido salvados por medio de la fe, y esto no de vosotros, sino que es don de Dios" (Efesios 2:8). La salvación es un don de Dios. No solo Él te da éste don, sino que también Se mantiene dedicado

a tu habilidad para retener este don, por medio de Su gracia.

> *Y que el mismo Dios de paz os santifique por completo; y que todo vuestro ser, espíritu, alma y cuerpo, sea preservado irreprensible para la venida de nuestro Señor Jesucristo. Fiel es el que os llama, el cual también lo hará.*
>
> (1ª Tesalonicenses 5:23-24)

Tu fe es lo que te salva, pero tú no te salvas a ti mismo—Cristo Jesús es Quien lo hace. Y tampoco te deja Dios con tus propios recursos, después de que has recibido la salvación. La Palabra de Dios asegura, que en cada situación de prueba, Él ya a preparado una vía de escape para ti. (Favor de ver 1ª Corintios 10:13).

EL JUICIO FINAL DE DIOS

En una visión, vi millones de gentes ante el trono de Dios. Cada tribu de cada nación estaba ahí, y pude ver como los ángeles separaban las gentes. Vi como traían libros de registros delante de Dios. Había ángeles descendiendo y ascendiendo de la tierra—una vista que he podido ver muchas veces en mis visiones. Esta era una visión de los últimos tiempos, y del juicio de Dios, tal y como lo leemos en las Escrituras:

> *Y vi un gran trono blanco y al que estaba sentado en él, de cuya presencia huyeron la tierra y el cielo, y no se halló lugar para ellos. Y vi*

a los muertos, grandes y pequeños, de pie delante del trono, y los libros fueron abiertos; y otro libro fue abierto, que es el libro de la vida, y los muertos fueron juzgados por lo que estaba escrito en los libros, según sus obras. Y el mar entregó los muertos que estaban en él, y la Muerte y el Hades entregaron a los muertos que estaban en ellos; y fueron juzgados, cada uno según sus obras. Y la Muerte y el Hades fueron arrojados al lago de fuego. Esta es la muerte segunda: el lago de fuego. Y el que no se encontraba inscrito en el libro de la vida fue arrojado al lago de fuego.

(Apocalipsis 20:11–15)

Dios nos ha preparado liberación de la muerte eterna a través del sacrificio que hizo Cristo Jesús por nosotros. Necesitamos responder ante la verdad de Dios, y regresar al camino angosto y estrecho, siguiéndolo a Él solamente. Él quiere que sepamos que nos ama, y que quiere perdonarnos.

DOS REINOS—DOS OPCIONES

Estoy orando para que haya un nuevo despertar en el Cuerpo de Cristo, y que todos nos demos cuenta que Jesús es verdaderamente real. Él va a venir otra vez por Su iglesia, que no tenga ni arruga, ni mancha, ni cosa semejante, y que reine con Él para siempre. (Favor de ver Efesios 5:27; Apocalipsis 5:10; 22:5). Mientras tanto, Él quiere que experimentemos el milagroso poder de Su paz sobre la tierra, y que liberemos a otros de las garras de Satanás.

Aunque el reino de las tinieblas muy frecuentemente trata de imitar y de competir con el Reino de Dios, existen vastas diferencias entre estos dos reinos, que continuamente están resaltando a la vista. El Reino de Dios es un reino de luz y de amor. El reino de Satanás es un reino de muerte, tinieblas y de odio.

> **El Reino de Dios es un reino de vida, luz y de amor.**

Dios siempre nos permite conocer nuestras opciones, y nos da el derecho de decidir, ya sea, escoger el camino del enemigo—que lleva a la muerte—o el camino de Dios—que lleva a la vida.

Al cielo y a la tierra pongo hoy como testigos contra vosotros de que he puesto ante ti la vida y la muerte, la bendición y la maldición. Escoge, pues, la vida para que vivas, tú y tu descendencia. (Deuteronomio 30:19)

¿Qué camino vas a escoger? ¿Acaso haz escogido el camino de la vida, por medio de hacer una decisión sincera de seguir a Cristo Jesús, y vivir para Él en santidad? ¿Acaso te vas a unir a Jesús en la guerra espiritual, para darle libertad a los cautivos?

Quiero animar a todos para que escojan seguir al Señor Jesús, especialmente en estos últimos tiempos, y que se conviertan en vencedores, en el Nombre de Jesús. Vas a experimentar los ataques del enemigo, pero puedes estar fuerte espiritualmente para la batalla.

Fortalécete Espiritualmente para la Batalla

Cuando nos trabamos en combate espiritual, es sumamente importante poder entender lo que significa tener una relación correcta con Cristo Jesús. Muchos cristianos sufren de frustración, debido a que se sienten indefensos para derrotar al diablo, cuando éste levanta problemas en sus vidas, por medio de la intimidación y condenación. Tú puedes vencer las estrategias del enemigo, por medio de conocer la autoridad que posees en Cristo Jesús, como hijo de Dios, y coheredero conjuntamente con Cristo Jesús. (Favor de ver Romanos 8:17). Tu liberación te puede ser robada si tú decides abandonar o ceder tus derechos espirituales.

Fuertes en Contra de la Intimidación

Una de las estrategias del diablo, es infligir suficiente fuerza contra ti, para forzarte a que te rindas, antes de darte cuenta que tú posees la autoridad suficiente para derrotarlo. Los espíritus demoníacos son enviados con una variedad de misiones en contra de nosotros, basado esto, en nuestra fe en Cristo Jesús. Por esta razón, aquellos que verdaderamente creen en Dios, muy frecuentemente encaran pruebas que son mucho más penosas, que las pruebas que otros tienen. Parece que una dificultad sigue a la otra, porque es la estrategia de las fuerzas demoníacas, para cansarnos con tantas cosas a la vez, para que estemos dispuestos a negar la confesión de nuestra fe y nuestra confianza en Dios.

No caigas en éstas tácticas engañosas. Sin importar cuantos ataques atente el diablo en tu contra, tú no debes sucumbir ante ellos. Dios es Fiel, y Él no va a permitir que tú pases por algo que no seas capaz de sobrellevar. Cuando el peso de la lucha se hace demasiado pesado, Él proveerá una vía de escape. Cuando tú estas en una relación correcta con Cristo Jesús, viviendo en Su salvación y en Su autoridad, Él te fortalecerá cuando te sientas débil, y te impartirá Su poder para la batalla, librándote de las puertas del infierno.

A través de Cristo Jesús, tú tienes el poder para derrotar cualquier adversario que el enemigo mande en una misión contra ti. Es tu herencia como creyente en Cristo Jesús, el poder caminar en la libertad y el poder, y de esta manera, obtener la victoria sobre los engaños del diablo. No importa que tan cruelmente te ataque, tu debes recordar que ningún arma que él forme contra ti, podrá prosperar jamás.

Ningún arma forjada contra ti prosperará, y condenarás toda lengua que se alce contra ti en juicio. Esta es la herencia de los siervos del Señor, y su justificación viene de mí- declara el Señor. (Isaías 54:17)

Sométete a la voluntad de Dios continuamente, y nunca permitas que tu vida sea zarandeada por el temor que causan las amenazas del enemigo. En el libro de 1ª Reyes, leemos que la malvada reina Jezabel, estaba buscando la vida del profeta Elías, porque ella estaba llena de ira, por las noticias de que él había matado a sus falsos profetas. Ella mandó un mensajero para entregar una amenaza a Elías: *"Entonces Jezabel envió un mensajero a Elías, diciendo: Así me hagan los dioses y aun me añadan, si mañana a estas horas yo no he puesto tu vida como la vida de uno de ellos"* (1ª Reyes 19:2).

A pesar de haber visto grandes obras y milagros del Señor, esta amenaza de Jezabel consumió a Elías, y él huyó por su vida hacia el desierto, donde se sentó bajo un árbol de enebro, y deseó morir. (Favor de ver versículos 3–4).

> La cosa más segura que podemos hacer en tiempos de incertidumbre es correr hacia Dios.

Aún cuando tú huyes, lleno de temor, Dios sabe como encontrarte y como restaurarte a tu sano juicio. Más tarde, Elías se encontraba escondiendo en una cueva, cuando el Espíritu del Señor vino y le preguntó, *"¿Qué haces aquí Elías?"* (v. 9).

¿Dónde te encontraría Dios si tú tuvieras que huir, lleno de temor? El peor lugar donde puedes huir es el confinamiento solitario de tu vieja forma de vida—tu viejo estilo de ser. La cosa más segura que tú puedes hacer en tiempos de incertidumbre es correr hacia la voz de Dios, para que puedas recibir conocimiento, sabiduría, y fuerza para vivir esta vida, y vivirla más abundantemente. (Favor de ver Juan 10:10).

Por lo tanto, cuando satanás le da órdenes a las puertas del infierno para que destruyan tu familia, tus finanzas, tu mentalidad, tu salud, o aún, tu fe, tú tienes la autoridad para contraatacar sus engaños malignos, por medio de aplicar la Palabra de Dios. El Espíritu de Dios te va a hablar en "*un susurro apacible*" (1ª Reyes 19:12), tal y como lo hizo por Elías, y te va a dar las instrucciones que necesitas para tener la victoria, especialmente, cuando te has rendido completamente ante el Señor, por medio del ayuno y la oración. Dios no siempre nos habla con truenos; muchas veces es más sutil.

Por ejemplo, tal vez tú te encuentras soñando despierto, mientras vas manejando del trabajo a tu casa, inmerso en tus pensamientos. Por accidente, das una vuelta equivocada, así que decides tomar otra ruta para llegar a tu casa. Más tarde te das cuenta que el chofer de una pipa, olvidó poner el freno de mano, y se volcó en la misma intersección que tú usas normalmente, y se estrelló contra un muro. Dios te permitió perderte en tus pensamientos por unos segundos, para que pudieras responder a Su llamado de atención, para usar la ruta alterna. En ese momento, tú pensaste que estabas cometiendo un error. Más tarde, sin embargo, te pudiste gozar, cuando te diste cuenta que Dios estaba protegiendo tu vida de esa tragedia.

Fuertes en Contra de la Condenación

Otra de las estrategias del enemigo es la acusación y la condenación. Cuando el diablo se pone a juzgarte injustamente, él ya sabe que está pasando más allá de sus límites. (Favor de ver Apocalipsis 12:10–11). Sin embargo, su truco consiste en engañarte, para que aceptes sus tratos inmundos..

Cuando el diablo dispara acusaciones filosas contra ti, debes saber que estos cargos engañosos ya han sido cancelados de inmediato, porque Jesús Se entregó a Sí Mismo por nuestros pecados. *"Que se dio a sí mismo por nuestros pecados para librarnos de este presente siglo malo, conforme a la voluntad de nuestro Dios y Padre"* (Gálatas 1:4). En Romanos 8:1, Pablo escribió, *"Por consiguiente, no hay ahora condenación para los que están en Cristo Jesús, los que no andan conforme a la carne, sino conforme al Espíritu"*. A medida que confesamos nuestros pecados, y mantenemos nuestra relación con Cristo Jesús, Él nos confirma y nos fortalece, para que podamos ser presentados *"Irreprensibles en el día de nuestro Señor Jesucristo"* (1ª Corintio 1:8).

Viviendo en Liberación y en Victoria

Finalmente, debemos reconocer que no hay

solamente, un método de realizar la guerra espiritual, y obtener la victoria para cada circunstancia que apliquemos. En ocasiones, la guerra espiritual significa mantenerse firme en contra del mal hacer. En otras ocasiones, significa permanecer callado, y confiar en Dios, cuando la tentación está gritando de frustración, y rogándote que te rindas a ella. Algunas veces, significa pasar toda una noche en oración o estar echando fuera demonios. El verdadero asunto en la guerra espiritual no consiste tanto en una forma específica de pelea. Al contrario, consiste en la efectividad de la pelea, a medida que eres guiado por el Espíritu Santo, para hacer lo que es adecuado, para cada situación en particular.

Aunque los métodos de batalla espiritual pueden variar, estas recomendaciones y principios te pueden dirigir hacia la liberación y la victoria:

- Debes conocer a tu Dios, y asegurarte que el diablo sepa que tú conoces a tu Dios.

- Debes reconocer y discernir los tiempos que estamos viviendo, y darte cuenta que los ataques del diablo van a aumentar en contra de aquellos que pertenecen a Dios.

- Debes entender que el diablo siempre hace que tu situación se vea peor, en lo natural, de que realmente es en el ámbito espiritual. No le permitas a las circunstancias y manifestaciones temporales hacer que te rindas. Pídele a Dios revelación y discernimiento espiritual. *"Al no poner nuestra vista en las cosas que se ven, sino en las que no se ven; porque las cosas que se ven son temporales, pero las que no se ven son eternas"* (2ª Corintios 4:18).

- Debes darte cuenta que tú ya tienes autoridad por medio de Cristo Jesús, y no debes tener temor de ejercitar esa autoridad, para poder alcanzar tu liberación.

- Debes entender que necesitas aplicar la Palabra de Dios en tu vida, bajo cualquier circunstancia, y reclamar Sus promesas.

- Debes saber que no tienes que vivir el resto de tu vida atado por una maldición generacional (que venga desde tus generaciones pasadas). Tú tienes el poder para reprender cualquier maldición que afecte tu vida, y ser libre por el poder de Dios.

- Debes reconocer que no es por tu propio poder que puedes pelear las batallas espirituales; es por el Espíritu de Dios, que tú puedes caminar en la autoridad, con todas las señales siguiéndote. (Favor de ver Zacarías 4:6; Marcos 16:20).

- Debes saber que aunque tú estés luchando en el medio ambiente espiritual, (favor de ver Efesios 6:12), ¡la batalla ya ha sido ganada para ti en la provisión y victoria de Cristo Jesús!

Si tú crees en el Señor Jesucristo y Le pides que entre en tu corazón, Él no va a hacer oídos sordos a tu clamor, sino que Se va a apresurar a liberarte.

UNA ORACIÓN PARA UNA COMPETA LIBERACIÓN

Jesús proclamó en la Palabra de Dios,

Además os digo, que si dos de vosotros se ponen de acuerdo sobre cualquier cosa que pidan aquí en la tierra, les será hecho por mi Padre que está en los cielos. Porque donde están dos o tres reunidos en mi nombre, allí estoy yo en medio de ellos. (Mateo 18:19–20)

¿Nos podrías permitir al Obispo Bloomer y a mí, hacer una oración junto contigo, para tu completa liberación? Por favor repite la siguiente oración en voz alta, creyéndola con todo tu corazón.

Padre, oramos en este mismo momento, en el Nombre de Jesús, que la persona que está sosteniendo este libro sea tocada por el poder de Dios. Nos ponemos de acuerdo que su vida va a cambiar para siempre para bien, y que cada maldición generacional que ha estado sofocando su destino, sea destruida en el Nombre de Jesús. Oramos que cada carga que tenga, sea quitada del cuello de cada lector o lectora, y que él o ella va a gozar de la libertad de vida en Cristo Jesús. Padre, toca el corazón de este lector o lectora, para que pueda sentir el amor de Cristo Jesús como nunca lo ha sentido antes. Nunca más él o ella va a caminar en temor; que la valentía del Señor sea formada desde el interior de esta persona. Permítele ver a través de Tus ojos, y que la unción que destruye todo yugo, se convierta en una parte eterna de su existencia espiritual. Oramos, mi Amado Dios, que Tú mandes Tus ángeles para proteger, guardar, y guiar a esta persona, en el camino de la justicia. Libera a esta persona de las ataduras secretas que han estado estancando su bienestar espiritual, físico, mental y emocional. Que Tu favor y Tu poder sea la porción de este lector o esta lectora, para hoy y por siempre jamás, en el Nombre de Jesús. Amén.

Siempre recuerda—¡Jesús es tu Libertador!

Por cuanto yo estoy afligido y necesitado, el Señor me tiene en cuenta. Tú eres mi socorro y mi libertador; Dios mío, no te tardes.

(Salmo 40:17)

El Señor es mi roca, mi baluarte y mi libertador; mi Dios, mi roca en quien me refugio; mi escudo y el cuerno de mi salvación, mi altura inexpugnable. (Salmo 18:2)

Y no nos metas en tentación, mas líbranos del mal. Porque tuyo es el reino y el poder y la gloria para siempre jamás. Amén.

(Mateo 6:13)

Acerca de los Autores

Mary K. Baxter

Mary K. Baxter nació en Chattanooga, estado de Tennessee. Siendo aún joven, su madre le enseñó acerca de Cristo Jesús y Su salvación. A la edad de diez y nueve años, Mary nació de nuevo.

En 1976, mientras que Mary estaba viviendo en Belleville, Michigan, Jesús se le apareció en forma humana, en sueños, en visiones, y en revelaciones. Desde ese tiempo, ella ha recibido muchas visitaciones del señor. Durante esas visitaciones, Él le ha mostrado las profundidades, los grados, los niveles, y los tormentos de las almas perdidas, que se encuentran en el infierno. Ella también ha recibido muchas visiones, sueños, y revelaciones del cielo, de los ángeles, y de los últimos tiempos.

En un punto, Jesús se le apareció a ella cada noche, por cuarenta noches seguidas. Él le reveló los horrores del infierno, y las glorias del cielo, diciéndole que este mensaje es para ser compartido con todo el mundo.

Mary fue ordenada como ministro en 1983, y muchos ministros, líderes y santos hablan muy elocuentemente de ella y de su ministerio. El mover del Espíritu Santo es enfatizado en todos sus servicios, y muchos milagros han ocurrido en el transcurso de ellos. Los dones del Espíritu Santo con demostraciones de poder se manifiestan en sus reuniones, a medida que el Espíritu de Dios la guía y la enviste de poder.

Mary ama al Señor con todo lo que ella tiene—todo su corazón, toda su mente, toda su alma, y todas sus fuerzas. Ella está verdaderamente dedicada a ser una sierva del Señor, y ella desea, sobre todas las cosas, ser una ganadora de almas para Cristo Jesús. Desde su ministerio, que tiene sus oficinas en el Estado de Florida, ella sigue viajando por todo el mundo, contando su testimonio del infierno, y las visitas reveladoras que tiene del Señor Jesús.

Acerca de los Autores

George G. Bloomer

El reconocido autor de Best Sellers, Obispo George G. Bloomer, es nativo de Brooklyn, Nueva Cork. Ahora residiendo en la ciudad de Durham, Carolina del Norte, con su esposa y sus dos hijas, es fundador y pastor principal del ministerio Bethel Life en las ciudades de Durham y Goldsboro, en Carolina del Norte.

Hoy en día, el Obispo Bloomer, no solo pastorea, pero también puede ser escuchado, hablándole a los jóvenes estudiantes, por toda la nación, con relación a los múltiples retos, y a la manera de incorporar métodos para realizar sabias decisiones, en la estructura de su vida diaria. Él conduce muchos seminarios que tratan con el tema de las relaciones humanas, las finanzas, y el control del estrés o tensión nerviosa. Sin importar el tema que se trate, su ministerio lleva un mensaje de liberación y de libertad de las fuerzas opresivas que obstaculizan nuestro crecimiento. Él también preside como Obispo de C.L.U.R.T. Asambleas Internacionales (cuyas siglas significan Come Let Us Reason Together, que traducido quiere decir, Ven y Vamos a Razonar Juntos), que es una Alianza Internacional de Iglesias que desean tener comunión unas con otras, así como también desean gozar de cobertura, las unas para con las otras.

Como autor muy renombrado que es, el Obispo Bloomer ha publicado muchas obras literarias, y sigue viajando extensamente, a través de toda la nación, llevando un mensaje para liberar e impactar las vidas de miles de gentes, para Cristo Jesús. En adición a esto, su programa nacional de televisión, llamado, Tomando Autoridad, puede ser visto semanalmente.

Una Revelación Divina del Reino Espiritual

Mary K. Baxter
con el Dr. T. L. Lowery

Mary Baxter, la autora de los libros de éxito nacional,
Una revelación divina del infierno y *Una revelación divina del
cielo*, nos da una perspectiva única del mundo angelical y
demoníaco. Con detalles claros, ella describe su encuentro
con seres espirituales, buenos y malos, a medida que con
unción comparte su conocimiento de cómo llevar a
cabo la guerra espiritual.

ISBN: 978-0-88368-672-0 • Rústica • 208 páginas

www.whitakerhouse.com

Una Revelación Divina del Cielo
Mary K. Baxter
con el Dr. T. L. Lowery

Después de treinta noches de experimentar las
profundidades del infierno, le fueron mostradas a
Mary Baxter algunas regiones del cielo. He aquí
fascinadores vislumbres de la belleza y del gozo
que aguardan a cada creyente
en Jesucristo.

ISBN: 978-0-88368-572-3 • Rústica • 208 páginas

www.whitakerhouse.com

Una Revelación Divina del Infierno
Mary K. Baxter

Durante trienta días Dios le dio a Mary Kathryn Baxter
visiones del infierno y la comisionó para que se las
contase a todos a fin de que escojan la vida. He aquí
un recuento de ese lugar y de los seres que lo poblan
vistos en contraste con las glorias del cielo. Se trata
de algo que nos recuerda la necesidad que todos
tenemos del milagro de la salvación.

ISBN: 978-0-88368-288-3 • Rústica • 208 páginas

WHITAKER
HOUSE
www.whitakerhouse.com

Una Revelación Divina de Ángeles

Mary K. Baxter
con el Dr. T. L. Lowery

La autora Mary Baxter describe sueños, visiones, y revelaciones que Dios le ha dado acerca de los ángeles. Explore las fascinantes dinámicas de los seres angelicales, su apariencia, sus funciones asignadas, y cómo ellos operan no sólo en reino celestial, sino también en nuestras vidas aquí en la tierra. Descubra la diferencia entre los ángeles buenos y los ángeles malos (demonios) y sus actividades a medida que aprende a distinguir los ángeles de luz de los ángeles de las tinieblas.

ISBN: 978-0-88368-973-8 • Rústica • 288 páginas

www.whitakerhouse.com

El Poder de la Sangre

Mary K. Baxter
con el Dr. T. L. Lowery

Por medio de su propia experiencia y las experiencias personales de otros, Mary K. Baxter la autora de libros de mayor venta muestra cuantas vidas han sido transformadas para siempre por el poder de la sangre de Jesús. Cualquiera que sea su situación, usted puede tener nueva intimidad con su Padre celestial y recibir milagrosas respuestas a sus oraciones—por medio del poder de la sangre.

ISBN: 978-0-88368-987-5 • Rústica • 288 páginas

www.whitakerhouse.com